Geboren in den 20ern

Geo Kaef

Unsere Kindheit, unsere Jugend ...
wo sind sie geblieben?

Geboren in den 20ern

Alltagsgeschichten
aus Deutschland

HERKULES VERLAG

Meinen herzlichen Dank spreche ich den folgenden Personen aus, die mir ihre Kinder- und Jugendzeit an unterschiedlichen Orten plastisch vor Augen führten sowie mich mit Bildmaterial versorgten: Frau Sophie Beckmann, Frau Marianne Bötel, Herr Heinz Conrad, Frau Karin Döpner, Frau Margarete Huber-Meier, Herr Martin Keller, Frau Lieselotte Klingler, Frau Hermine Kloesel, Frau Alice Plaz-Solca, Herr Hellmut Raschdorff, Frau Margarete Staude, Frau Inge Stocker und Frau Sieglinde Zeit.

Geo Kaef

Dieses Buch widme ich in Liebe und Dankbarkeit meiner Mutter Lieselotte Klingler (Jahrgang 1923).

3. Auflage 2007

Druck: Werbedruck Schreckhase GmbH, Spangenberg
Buchbinderische Verarbeitung: Buchwerk GmbH, Darmstadt

34128 Kassel, Richard-Strauß-Straße 33
Telefon (0561) 9 37 17 38
www.herkules-verlag.de
ISBN-Nummer siehe Rückseite außen

Inhalt

Vorwort

Die Generation der in den 20er Jahren des 20. Jahrhunderts Geborenen wuchs in einer schwierigen Situation auf, die durch verschiedene Faktoren gekennzeichnet war. Zunächst hatte der Übergang von der Monarchie zur demokratischen Weimarer Republik eine grundlegende politische Veränderung bewirkt. Sie musste sich erst bewähren und wurde längst nicht vom gesamten Volk unterstützt. Es gab heftige Bestrebungen von links und rechts, die neue Ordnung zugunsten anderer Staatsideen zu beseitigen.

Die erste schwere Krise war 1923 zu überstehen: Inflation und versuchter Hitler-Putsch. Ab 1924 machte sich ein allgemeiner Aufschwung bemerkbar.

Der Zusammenbruch der New Yorker Börse 1929 ließ die seit 1928 schon wieder schwächelnde Konjunktur in eine schwere Wirtschaftskrise münden. Aus dieser wusste Hitler Kapital zu schlagen, was ihm und der NSDAP letztlich zur Machtübernahme 1933 verhalf.

Das Ende war bekanntlich eine globale Katastrophe. Ein dezimiertes und geschundenes Volk musste hart dafür büßen.

Dabei hätte alles ganz anders kommen können. Während der Weimarer Republik verbreitete sich so etwas wie eine Leichtigkeit des Seins. Die Verbreitung des Jazz und zugehöriger Tänze, ein Aufleben aller Sparten der Kultur gaben dem Ausdruck. Mal mehr an der Oberfläche mit Revuen, bei denen leicht bekleidete Mädchen herumhüpften und Schlager mit unsinnigen Texten geträllert wurden, mal tiefer gehend im Kabarett mit Bezügen zur politischen und gesellschaftlichen Situation. In neu entstandenen Filmpalästen flimmerten in- und ausländische (Ton-)Filme über die Leinwand. Die Emanzipation der Frauen äußerte sich in zum Teil heftig kritisierter Mode und zunehmender Berufstätigkeit.

Die bis dahin unübliche Liberalität kam den heranwachsenden Kindern der ersten Jahrgänge zugute. Die späteren Jahrgänge wuchsen dann im rigiden Geist des Nationalsozialismus heran und gingen meistens begeistert darin auf – sie kannten ja nichts anderes. Doch alle waren schließlich alt genug, um das Grauen des Krieges in verschiedenen Formen zu erleben.

Geo Kaef

Eine Schulklasse in Oberschlesien, 20er Jahre. Die meisten Kinder tragen keine Schuhe. (Vorlage: Hermine Kloesel)

Barfuß gehen ist gesund ...

... aber auch gefährlich

In den 20er und 30er Jahren war das Barfußgehen unter den Kindern – zumindest in ländlicher Umgebung oder in den Randlagen der Städte – noch weit verbreitet. In der wärmeren Jahreszeit blieben die Schuhe nicht nur in der Freizeit zu Hause, sondern auch zum Schulbesuch.

Mit der Zeit bildete sich ausreichend Hornhaut an der Fußsohle, sodass das Gehen auf normalem Untergrund keine besondere Herausforderung bildete. Dennoch konnte es nicht ausbleiben, dass nach einem wilden Abenteuerspiel im Wald manch einer mit blutigen Füßen zu Hause ankam.

Das Barfußgehen wurde überdies als wertvoller Gesundheitsschutz angesehen. Es gebe kaum ein besseres, ableitenderes und beruhigenderes Mittel für die Kopfnerven – so wurde in der Presse verbreitet. Auch auf die Magennerven wäre ein günstiger Einfluss zu vermerken. Nur bei nasskaltem Wetter sei es zu vermeiden, da es dann Erkältungen verursachen könne.

Gleichwohl könne die permanente Gefährdung durch herumliegende Nägel oder andere spitze Gegenstände nicht verharmlost werden, die von unvernünftigen und rücksichtslosen Zeitgenossen ausgehe, welche sich keine Gedanken darüber machten, welche Auswirkungen ihr Handeln haben könne.

Nach einer Verletzung sei unbedingt auf eine Sauberhaltung der Wunde zu achten, damit der Heilungsprozess schnell voranschreite und das Barfußgehen bald wieder aufgenommen werden könne.

Kinderspiele

Die Straße als Treffpunkt

Kaum hatten die ersten wärmeren Strahlen der Frühlingssonne den letzten Schnee von den Straßen getaut, gingen die Haustüren auf und die Kinderschar wurde zum Spielen nach draußen geschickt. Ermahnungen der Eltern an die Kinder, sich vor dem Verkehr auf der Straße in Acht zu nehmen, konnten natürlich nicht ausbleiben. Im Vergleich zu heutigen Verhältnissen mag uns das als lächerlich erscheinen, doch immer wieder hörte man von schweren Unfällen, in die Kinder, vor allem mit Pferdefuhrwerken, verwickelt waren. Gerne hängten sie sich nämlich an die Seiten oder ans Ende der langsam dahinrollenden Wagen. Gelegentlich rutschte dann doch mal eins ab und geriet unter die Räder – mit nicht selten tödlichem Ausgang.

Außer in den Hauptstraßen der Großstädte gehörten in den 20er Jahren Kraftfahrzeuge noch zu den selteneren Erscheinungsbildern im öffentlichen Raum. Aber auch von den Fahrradfahrern würde eine zunehmende Gefährdung auf der Straße ausgehen, beklagte man sich. Doch allen Warnrufen und tatsächlichen Gefahren zum Trotz, galt den meisten Kindern die Straße als ihr Lieblingsspielbereich, zumal dort der Treffpunkt für alle war.

Bring den Knopf zum Tanzen ... und ein kostbarer Ball

Mit Hingabe wurde der gedrechselte **Tanzknopf** oder Kreisel über die Straßen getrieben. Eine Asphaltfläche war dazu schon notwendig. Die wahren Künstler konnten ihn springen und in vormarkierten Feldern landen lassen. Ansonsten galt als Sieger, wer den Kreisel am längsten aufrecht halten konnte. Eine wesentliche Voraussetzung für den virtuosen Umgang mit dem auf der Spitze rotierenden Kegel war die aus mehreren Einzelschnüren bestehende, stark gedrehte und an einem Stock befestigte Schnur, mit der er angetrieben und in Gang gehalten wurde.

Peitsche mit gedrechselten Tanzknöpfen.

Das Knallen mit einer selbst gefertigten **Peitsche** begeisterte meist nur die Ausübenden, während sich vornehmlich Erwachsene eher darüber beschwerten. Die Herstellung einer guten Peitsche setzte ebenfalls fachmännische Kenntnisse voraus. Am besten eignete sich eine kräftige Weidenrute. Diese wurde vorne dreifach aufgespalten und auf einer Länge von ca. 1,60 m geflochten. An der Spitze befestigte man einen etwa 1,30 m langen Lederriemen und an diesen schließlich noch ein Stück Schnur, die ihrerseits wiederum aus mehreren Einzelschnüren stark zusammengedreht war.

Mädchen mit Kinderwagen, Puppe, einem großen und einem kleinen Ball, Ende der 20er Jahre. (Vorlage: Lieselotte Klingler)

Zahlreiche Spielmöglichkeiten bot ein **Ball**. Der Besitz eines solchen war mit hohem Ansehen bei den übrigen Kindern verbunden und berechtigte zur Bestimmung dessen, was mit ihm geschehen solle. Diese Vorrangstellung hatte zweifellos ihre Berechtigung, denn dieser Spielgegenstand konnte nicht selbst hergestellt werden, sondern musste in einem Geschäft gegen Bares eingetauscht werden. Um die Mitte der 30er Jahre kostete ein Ball zum Fußball spielen etwa 50 Pfennig.

Um diesen Be-trag zusammenzubekommen, bedurfte es einigen Aufwands über längere Zeit – zum Beispiel besonderen Wohlverhaltens zu Hause.

Blechbüchsen als Fußball-Ersatz

Ein Ball war eine Kostbarkeit. Umso größer die Katastrophe, wenn er kaputt ging oder durch Mutwilligkeit anderweitig das Zeitliche segnete. Beispielsweise, als einmal ein älterer Bruder ihn unerlaubterweise weit ins gestrüppbestandene Gelände bolzte, wo er trotz aufwändiger Suchaktion nicht mehr aufzufinden war. Verständlich, dass der solchermaßen Geschädigte auf wüsteste Rache sann und die Gelegenheit dazu gekommen sah, als ihn besagter Bruder am Abend zum Bierholen schickte. Auf dem Rückweg schüttelte er die Bierflasche kräftig durch und als der Bruder im Kreis seiner Kumpels mit lässigem Daumendruck den Verschluss aufspringen ließ, war die Rache vollzogen.

Ein grausames Schicksal widerfuhr auch einem anderen fußballvernarrten Jungen, der in einem Hinterhof der deutschen Reichshauptstadt das auf eine Trennmauer aufgemalte Tor knapp verfehlte und den Ball ebenso knapp über die Mauer schoss. Auf der anderen Seite freute sich die Bande vom Nachbarhaus über den unverhofften Segen und begann nun ihrerseits mit einem heißen Match. Der verzweifelte Eigentümer des wertvollen Teils getraute sich nicht, seinen Schatz zurückzufordern. Hilflos musste er ein paar Tage später mit ansehen, wie sich andere mit seinem Ball vergnügten, aber weder er noch sein ihn begleitender Vater hatten den Mut, einzuschreiten.

In solchen tragischen Fällen musste eben wieder auf die bewährte Blechbüchse zurückgegriffen werden, die schon zuvor als Fußball-Ersatz gedient hatte.

Völkerball, Faustball, Prellball ...

Ein weiteres Gefährdungspotential für einen Ball kam auf zwei Beinen daher und war seit 1923 auch wieder deutlich von Kassenboten, Portiers und Dienstmännern unterscheidbar, nachdem die während des Ersten Weltkriegs eingeführten Tuchmützen für die Schutzleute wieder gegen die auffälligen Pickelhauben ausgetauscht worden waren. Manche von diesen Pickelhaubenträgern fühlten sich als Ballfänger berufen, doch die gewitzten Kinder hatten nicht nur bald eine Strategie entwickelt, um ihre Bälle zu retten, sondern auch eine ganz persönlich ausgerichtete, um die übereifrigen Ordnungshüter zu ärgern.

Natürlich wussten die Kinder einen Ball auch zu etwas anderem als zum Treten zu benutzen. Da wären zu nennen Völkerball und Faustball, außerdem eine Art Schlagballspiel, bei welchem der Ball mit dem unten breiteren Rührholz von Persil, mit dem die Mutter die Kochwäsche umrührte, weggeschlagen wurde.

„Probe" gegen die Wand ...

Weniger Kraft, dafür aber mehr Geschicklichkeit verlangte das **„Zehner-Spiel"** (in manchen Regionen „Zehner-Probe" genannt). Hierbei fühlten sich vor allem auch die Mädchen herausgefordert. Der Ball wurde an eine Wand geworfen und wieder aufgefangen. Das war die einfachste Stufe. Ihr folgten weitere neun, sich in

Der Kaufmannsladen ist eröffnet – jetzt fehlt nur noch die Kundschaft. (Vorlage: Inge Stocker)

der Schwierigkeit steigernde Stufen. So musste vor dem Auffangen etwa in die Hände geklatscht oder sich um die eigene Achse gedreht werden. Ein typisches Mädchenspiel war **„Himmel und Hölle"**, ein Hopsspiel, an dem sich Jungen nur beteiligten, wenn sich weit und breit kein Geschlechtsgenosse sehen ließ. Beliebt

Kinder spielen die damals in der Regel monatlich stattfindende „Große Wäsche“. Männer waren allerdings meist nicht dabei. „Große Wäsche“ war Frauensache.

war das Spiel mit **Murmeln**, das, wie viele andere Spiele, landschaftlich bedingt mit unterschiedlichsten Bezeichnungen bedacht wurde. Hierfür kamen in erster Linie kleine Ton- und später auch Glaskugeln zum Einsatz.

Weitere Gemeinschaftsspiele: **Fangen** und **Verstecken** oder **„Ochs am Berg“** und“ **„Kaiser, wie viele Schritte darf ich gehen?“**. Bei **„Räuber und Gendarm“** bastelten sich mitunter die Gendarmen einen Helm aus Zeitungspapier und die Räuber schwangen ihre Holzschwerter und gingen so auf den Gegner los.

Einübung in die traditionelle Geschlechterrolle ermöglichte das Spiel **„Mutterchen und Väterchen“** und mit dem meist selbst

Mit Blumen Kränze flechten, beliebt auch im Kindergarten.

gebastelten **Kaufmannsladen** konnte die zukünftige Geschäftsfrau respektive der zukünftige Geschäftsmann erste Erfahrungen sammeln. Bei den kleineren Mädchen zählte natürlich ein **Puppenwagen** mit Inhalt zu den erstrebenswertesten Spielgegenständen überhaupt.

Als Beschäftigungen, die eine eher ländliche Umgebung voraussetzten, kamen unter anderem in Frage: **Blumenkränze flechten**, **Pilze sammeln** und **mit den Tieren vom Bauernhof spielen** – oder sie ärgern.

Kindermobilität

Roller, Wipproller, Holländer, Bollerwagen ...

Selbst große Strecken wurden in erster Linie zu Fuß zurückgelegt – sowohl von Erwachsenen als auch von Kindern, und zwar unabhängig davon, ob das Ziel die Schule, der Arbeitsplatz, der Markt oder ein Verwandtenbesuch war.

Gleichwohl stand den älteren Kindern schon mal ein Fahrrad zur Verfügung, und auf dem Land diente das Pferdegespann oder der Ochsenkarren des öfteren als Transportmittel.

Nicht jedes Kind konnte einen Roller sein Eigen nennen. Da gab es welche mit Metallrädern, die einen Mordskrach machten. Der so genannte **„Simson-Sauser"** mit Hartgummireifen war da schon was Besonders.

Beim **„Holländer"** wurde durch Hin- und Herbewegen des Antriebshebels die Hinterachse angetrieben. Die Lenkung erfolgte mit den Füßen direkt an der Vorderachse. Er war als Ein- oder Zweisitzer gebräuchlich, so ein Ding zwischen Ruckellimousine und Krankenfahrstuhl, geeignet für Spaßfahrten dem kleinen Geschwisterchen hintendrauf zuliebe, einmal um den Sandkasten und dann Fahrerwechsel oder gar nichts mehr.

Mit aufrechtem Oberkörper und stolz leicht nach oben gereckter Nase wedelten sie unten mit Becken und Beinen ein bisschen hin und her – die **Wipproller-Fahrer**.

Dann waren da noch die ganz verwegenen Typen – Mädchen mit eingeschlossen. Sie entführten die kleinen, handgezogenen **Lei-**

Holländer für zwei, um 1927.

Nicht jedes Kind konnte damals solch einen einfachen Holzroller sein Eigen nennen.

terwagen (auch Bollerwagen genannt), mit denen die Eltern allerlei Lasten von einem Ort zum anderen bewegten, und verschleppten sie auf nahe gelegene Hügel. Mit einer Mindestbesatzung von zwei Personen – eine klemmte sich vorne die heruntergeklappte Deichsel zum Lenken zwischen die Beine, die andere hing hinten die Füße raus und sollte im Notfall mit den Schuhsohlen bremsen – stürzte sich das Gefährt auf abschüssiger Strecke talwärts. Doch im wirklichen Notfall ließ sich mancher Bremser einfach hinten rausfallen und überließ den Lenker seinem Schicksal.

Ringelreihen spielten meist die Mädchen ...

Jugendlicher Einfallsreichtum wandelte schließlich Unterteile von Kinderwagen oder aus anderen Einzelteilen zusammengestückelte Untersätze mit Rädern in **Rennwagen** ohne Motor um und brachte diese auf Gefällstrecken zum Einsatz. Diese meist von Jungen selbst initiierten Bergab- oder Kinderwagenrennen stießen bei den Erwachsenen auf unterschiedliches Echo. Während die einen nach ordnender Macht riefen, um dem ungebührlichen und ebenso gefährlichen Treiben Einhalt zu gebieten, lobten andere den

Erfindungsgeist, den Mut und die Geschicklichkeit der jungen Rennfahrer. Ja, der eine oder andere handwerklich ausgebildete oder begabte Vater brachte seine Fachkenntnis und praktische Unterstützung mit ein.

Die Bezeichnung „Seifenkiste“ für die selbst gefertigten Kinderautomobile kam zwar ebenfalls in den 30er Jahren in Nordamerika auf, doch dieser Begriff und das spezielle Seifenkisten-Derby fassten bei uns erst nach dem Zweiten Weltkrieg Fuß.

... die Jungen dagegen eher mit den sehr beliebten Zinnsoldaten.

Sommerliche Vergnügungen

Für fünf Pfennig Eis

In den heißen Sommern stand Kindern wie Erwachsenen der Sinn nach Erfrischung und Abkühlung. Bekanntermaßen eignen sich dafür innere und äußerliche Anwendungen. Zu ersterer gehörten einmal gekühlte Getränke, die am ehesten in einer Schankwirtschaft erhältlich waren, weil es dort Kühlschränke gab, die mit großen Wassereisstangen gefüllt waren, welche Brauereien oder Eisfabriken anlieferten. Zum anderen lockten Eisverkaufsstände und Eiswagen. Wie groß wurden da die Augen der Kinder, wenn sich die Eisbehälter öffneten und wahlweise Erdbeer-, Vanille- oder Schokoladeeis zum Vorschein kam, vom Eismann in der weißen Schürze sorgsam in die Waffeltüte gefüllt. Fünf Pfennig kostete die kleinste Portion, und wenn man

Flussbadeanstalt in einer Kleinstadt – Männerabteilung. (Vorlage: Sophie Beckmann)

glaubhaft versicherte, davon auch noch dem kleinen Brüderchen etwas abgeben zu müssen, dann gab er auch noch einen Spritzer mehr drauf.

Baden verboten ... aus moralischen Gründen

Wem außerdem der Sinn nach äußerer Abkühlung stand, den zog es zum Wasser. Kindern genügten da schon Brunnen und Bäche. Ohne Beaufsichtigung durch Erwachsene war ihnen das Baden in Flüssen oft verboten, wegen der Untiefen und unbekannten Strömungen. Aus moralischen Gründen meinte die Obrigkeit gegen das wilde Baden vorgehen zu müssen, weil sich dabei auch ältere Jugendliche beiderlei Geschlechts gemeinsam vergnügten. Die Polizei sammelte manchmal die Kleider ein und man musste sie auf der Wache wieder abholen – allerdings nicht, bevor man sich etwas anderes angezogen hatte.

Doch es gab auch eine Menge Flussbadeanstalten und Volksschwimmbäder sowie Seebäder an der Nord- und Ostsee und an den Binnenseen. Wenigstens in den meisten Einrichtungen herrschte bis Anfang der 30er Jahre eine strikte Trennung nach Geschlechtern, die man häufig mittels einer Holzwand voreinander schützen zu müssen glaubte. Ein gemeinsames Ereignis im Kreis der Familie konnte unter diesen Bedingungen natürlich nicht stattfinden. Der Kleiderwechsel hatte sittsam in den dafür vorgesehenen Umkleidekabinen zu erfolgen.

Flussbäder hatten, da sie sich aus fließendem Wasser speisten, die unangenehme Eigenschaft, fast schon zu viel Kühlung zu spenden. Trotz Vorwärmbecken, in denen das Wasser von der Sonne etwas aufgeheizt werden sollte, stieg die Wassertemperatur selten über 16 Grad. Zum Schwimmen lernen diente ein Korkgürtel als Auftriebshilfe. Er wurde um den Bauch geschnallt. Wer sich den nicht leisten konnte, behalf sich mit auf einer Schnur aneinandergereihten Keksdosen auf dem Rücken.

In den Städten genossen die Kinder an heißen Tagen auch eine besondere Art der Erfrischung, indem sie in Badebekleidung hinter dem Sprengwagen herliefen, der die Straßen zur Milderung des Straßenstaubs mit Wasser bespritzte.

Bäuchlings auf dem Schlitten: so macht's einem echten Jungen erst richtig Spaß. (Vorlage: Herkules Verlag)

Spiele im Winter

„Mensch ärgere dich nicht", wenn es kalt ist

Wenn das Wetter es zuließ, spielte sich auch im Winter ein Teil der kindlichen und jugendlichen Freizeit an der frischen Luft ab. Insbesondere, wenn Schnee und Eis ihre verlockende Wirkung entfalteten.

Schneemann bauen und Schneeballschlachten ausfechten sowie von jedem noch so kleinen Hang herab Schlitten fahren gehörten natürlich zum Standardrepertoire. So ziemlich jeder Ort hatte seinen Weiher oder eigens dafür geflutete Wiesen, auf deren gefrorener Wasseroberfläche sich Jung und Alt zum Schlittschuh-

Der Schneemann hält Wache, Januar 1929. (Vorlage: Inge Stocker)

laufen trafen. Dazu wurden Metallkufen an die normalen Winterschuhe angeklemmt. Die meisten Kinder konnten sich das aber nicht leisten und begnügten sich mit dem Schlittern (Rutschen) auf mehr oder weniger langen Eisbahnen, was mit den damals üblichen glatten Ledersohlen hervorragend klappte.

Nach dem frühen Einbruch der Dunkelheit fiel den Kindern auch in den eigenen vier Wänden einiges ein. Die Kleineren widmeten sich mit Eifer **Malbüchern** oder ließen sich von ihren älteren Geschwistern oder den Eltern aus **Bilderbüchern** vorlesen, bis sie die kurzen Texte so gut auswendig beherrschten, dass sie jede Abweichung des Vortragenden sofort rügen konnten.

An Brettspielen standen in der Beliebtheitsskala **Halma**, **Dame** und **„Mensch ärgere dich nicht"** ziemlich weit oben. In vielen Familien wurde auch am Abend oder an Sonntagen gemeinsam **musiziert** und **gesungen**.

Weihnachten war das Fest mit der dichtesten Atmosphäre, zu Hause, in der Kirche und allgemein. Auf dem Gabentisch lagen oft tollere Geschenke als auf dem Geburtstagstisch. In manchen Familien wurden der sorgsam verstaute **Kaufladen** und die **Puppenküche** oder **-stube** nur an Weihnachten ausgepackt. Am Dreikönigstag wurden sie wieder für ein ganzes Jahr eingepackt, um im nächsten Jahr wieder auf dem Gabentisch zu landen.

Jugendlektüre

Von Tom Shark bis Hedwig Courths-Mahler

Die erste Lektüre entstammte oft der elterlichen Sammlung. Das, was bereits Mutter oder Vater gelesen hatten, unterhielt nun die nächste Generation. Das betraf Bilderbücher wie **„Die Heinzelmännchen“** ebenso wie zahlreiche Kinderbücher. Hier seien genannt die beiden **Heidi-Bände** von Johanna Spyri, die Märchenbücher der **Brüder Grimm**, von **Hans-Christian Andersen** und **Ludwig Bechstein**, **„Peterchens Mondfahrt“** von Gerdt von Bassewitz, **„Pinocchios Abenteuer“** von Carlo Collodi und **„Nils Holgerssons wunderbare Reise“** von Selma Lagerlöf.

Wenn die Kinder zu Jugendlichen heranwuchsen griffen sie auch mit Begeisterung zu den Groschenromanen. Da fanden sich etwa Abenteuer-Heftchen für Jungen mit Titeln wie **„Abenteuer in Arkansas“**, **„Der Prairiefuchs“** aus der **„Collection Wild-West“** und **„Unter Freibeutern“**, aus der **„Collection Fahrten und Abenteuer“**, oder die Heftreihe **„Jungens – Streiche – Rüpeleien, Geheimnisse und Abenteuer unserer Jugend“**.

Derart angeregt stürzten sie sich später auf Romanhefte mit Helden wie dem Cowboy **Billy Jenkins** (ab 1930), mit **„Rolf Torring's Abenteuer“** (ab 1930) oder mit dem Berliner **„König der Detektive“ Tom Shark** nebst seinem Gehilfen **Pitt Strong** (ab 1928), die sich stark an Sherlock-Holmes-Geschichten anlehnten. Unter dem Pseudonym „Pitt Strong“, der als Autor der Reihe angegeben war, verbarg sich Elisabeth von Aspern.

Bücher von Erich Kästner wurden verbrannt

Der große Kinderbuchautor **Erich Kästner**, der mit **„Emil und die Detektive”** (1929), **„Pünktchen und Anton”** (1931) und **„Das fliegende Klassenzimmer“** (1933) die Herzen der Kinder eroberte, war 1933 in Berlin Augenzeuge, wie unter anderen auch seine Bücher öffentlich verbrannt wurden. Er musste sich die begleitenden Worte eines Vertreters der Deutschen Studentenschaft mitanhören: **„Gegen Dekadenz und moralischen Verfall! Für Zucht und Sitte in Familie und Staat! Ich übergebe der Flamme die Schriften von Heinrich Mann, Ernst Glaeser und Erich Kästner.“**

Ihre erste Erzählung und ihren ersten Roman lasen manche im ersten großen deutschen Massenblatt **„Die Gartenlaube“**, das in vielen Haushalten rumlag. Die Jungen griffen eher mal zum **„Kicker“** oder einer anderen Fußball-Zeitschrift.

In den 20er Jahren kam der Begriff Trivialliteratur auf. Eine der bedeutendsten Vertreterinnen dieses Genres auf dem Gebiet des Liebesromans war **Hedwig Courths-Mahler**. Ihre Bücher wurden vor allem von den Mädchen verschlungen.

„Nesthäkchens erstes Schuljahr“ von Else Ury.

Zu deren primären Lesevorlieben gehörten auch **„Der Trotzkopf“** von Emmy von Rhoden – der 1928 bereits die 90. Auflage erreichte – sowie zwei von ihrer Tochter Else Wildhagen geschriebene Fortsetzungsbände.

In den Jahren 1918 bis 1925 entstand und erschien der größte Erfolg von Else Ury, die Nesthäkchen-Serie, mit unvergessenen Titeln wie **„Nesthäkchen und ihre Puppen“**, **„Nesthäkchens erstes Schuljahr“**, **„Nesthäkchen im Kinderheim“** oder **„Nesthäkchens Backfischzeit“**. Die jüdische Autorin dieser Bestseller wurde 1943 im Konzentrationslager Auschwitz ermordet.

Um die Mitte der 30er Jahre erreichte die Beliebtheit der überwiegend im Wilden Westen und im Orient angesiedelten Reiseabenteuer von **Karl May** einen Höhepunkt. Nur die Jungen mit reichen Eltern konnten sich die Anschaffung der Bücher leisten. Im Leihverkehr machten sie von dort aus die Runde unter den übrigen Klassenkameraden. 1938 fand das erste Karl-May-Freilichtspiel „Winnetou“ in Sachsen statt. Dennoch war auch dieser Autor wegen seiner tief verwurzelten Religiosität und pazifistischen Gesinnung den Nazis nicht sonderlich genehm. Immerhin blieb seinen Werken aber der Scheiterhaufen erspart.

Ausdrucksweisen der Jugend – damals

So ein steiler Zahn von einem Backfisch!

Ansätze einer Art von Jugendsprache gab es bereits, wenn auch bei weitem nicht so ausgeprägt wie heutigentags. Es handelte sich um vereinzelte Ausdrücke, die bevorzugt von jungen Leuten verwandt wurden.

So bezeichnete das **„Pennal“** eine höhere Lehranstalt. Der Ausdruck leitet sich aus dem lateinischen Wort penna für Feder her. Die hierfür ebenfalls benutzte Bezeichnung **„Penne“** stammt dagegen aus dem Rotwelschen und bedeutet Schlafstätte oder ein behelfsmäßiges Nachtquartier.

Angestrengtes Lernen in der Schule oder bei der Vorbereitung auf eine Klassenarbeit nannte sich **„pauken“**, und die Menschen, die einen dazu anhielten, waren folgerichtig die **„Pauker“**, also die Lehrer.

„Pauken“ taten auch die Studenten, wenn sie das Fechten für eine Mensur übten.

Jemand zu etwas **„keilen“** meinte, Überredungskunst bei einer Person einzusetzen, um sie zu etwas zu bewegen. Eigentlich benutzte man dieses Wort, wenn man jemand als Mitglied für eine Studentenverbindung werben wollte.

Ein **„Pinkulatorium“** aufzusuchen war ebenfalls reine Männersache und meinte den Ort, wo die männliche Blasenentleerung im Stehen stattfand.

Durch die Verknüpfung von Fremdwort und deutscher Bedeutung sollte mit **„katastrofürchterlich“** die scheinbar außergewöhnliche Tragik eines Ereignisses hervorgehoben werden. **„Kanasofapee“**, eine andere Verdoppelung, sollte sich vielleicht auf die besondere Ausstattung dieses Sitzmöbels beziehen oder man betrieb einfach nur ein tautologisches Spielchen.

Als **„alten Hut mit Fransen“** verspottete man die Mitteilung einer vermeintlichen Neuigkeit. Dagegen galt eine aktuelle Modeschöpfung als **„der letzte Schrei“**.

„Steiler Zahn!“ bemerkten junge, jüngere und junggebliebene Männer, wenn sie attraktiver Mädchen oder Frauen ansichtig wurden. Handelte es sich beim weiblichen Geschlecht um ein gerade aufblühendes Wesen auf der Entwicklungsstufe zwischen Kind und Erwachsener, so sprach man etwas despektierlich von einem **„Backfisch“**. Übrigens ein Begriff, der seit sehr langer Zeit in Gebrauch war. Bereits Goethe verwandte ihn im zweiten Akt des „Götz von Berlichingen“ und entlehnte ihn vermutlich aus noch älterer Studentensprache. Erst in der zunehmend angloamerikanisch beeinflussten Nachkriegszeit musste er dem „Teenager“ weichen.

„Herumgurken“ konnte man vor allem mit dem Fahrrad, und zwar dann, wenn man ziellos unterwegs war. Eine gewisse Unbeholfenheit, eine eher liebenswürdige Trotteligkeit im Alltag kennzeichnete einen Menschen, der sich das Attribut **„Gurke im Nebel“** gefallen lassen musste.

Was derzeit unter dem – allerdings zweideutigen – Begriff „geil“ verstanden wird, hieß bei den Groß- und Urgroßeltern der heutigen Jugendlichen noch **„pfunds“**, im Sinne von bewundernswert, begeisternd, liebenswert. Ein **„Pfundsmädchen“** war ein Mädchen, mit dem man unter anderem **„Pferde stehlen“** konnte. Die männliche Entsprechung, der **„Pfundskerl“**, war einer, auf den man sich verlassen konnte.

Wenig Ansehen genoss dagegen eine **„Flasche“**. Einer solchermaßen bezeichneten Person ging entweder alles schief, wenn sie sich überhaupt einmal zu etwas traute, oder sie brachte einfach nichts Vernünftiges fertig.

Wie bei vielem anderen war es auch im Hinblick auf die Benutzung bestimmter Redewendungen und Zuschreibungen wünschenswert, dass dies mit **„Gefühl und Wellenschlag“**, also entsprechend taktvollem Empfinden erfolgte.

Ab in die Wanne! – Die Kleinen zuerst

Samstags war Badetag

Aber nicht zwingend an jedem Samstag! Manchmal bzw. mancherorts machten sich die Eltern die Mühe und die Kinder hatten das Vergnügen nur alle zwei Wochen, ja mitunter sogar nur alle vier Wochen. Reinlichkeitsdenken heutigen Ausmaßes hatten

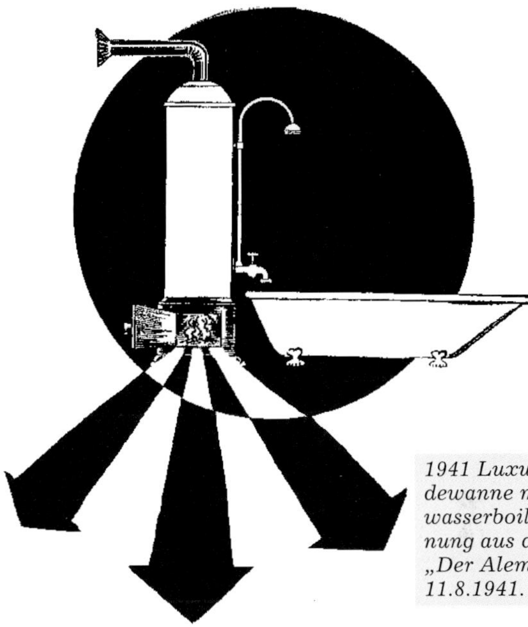

1941 Luxus pur: Badewanne mit Warmwasserboiler, Zeichnung aus der Zeitung „Der Alemanne“ vom 11.8.1941.

seinerzeit die Menschen noch nicht. Meist gaben praktische Gründe den Rhythmus vor, zu dem das Badezeremoniell in der Familie abgehalten wurde. Und während der Kriegs- und unmittelbaren Nachkriegszeit plagten die Leute andere Sorgen.
Den Luxus eines eigenen Badezimmers mit Wanne konnten sich in der Regel nur die besser situierten Bürger leisten. Zwar standen zumindest in den größeren Städten schon längst so genannte Volksbäder – das waren öffentliche Badeeinrichtungen, meist in Schulgebäuden untergebracht – für die Allgemeinheit zur Verfügung, doch für eine Familie mit mehreren Kindern wäre das ein zu kostspieliges Vergnügen geworden.

Baden in der Waschküche

In den Mehrfamilienhäusern der Städte befand sich häufig eine Waschküche im Kellergeschoss, die sich die Hausgemeinschaft teilen musste. Dementsprechend war die Benutzung einem strengen Reglement unterworfen. Von der Anzahl der Wohneinheiten hing es ab, wie oft bzw. wie lange jede Partei den Raum für sich in Anspruch nehmen konnte.

Die Waschküchen waren mit einem großen Wasserkessel ausgerüstet, unter dem man wie bei einem Herd anfeuern konnte. Vom Wasseranschluss wurde der Kessel mittels eines Schlauchs

In solchen Kesseln erwärmte man das Wasser für's Bad am Samstag.

direkt befüllt. Ein großer Deckel verhinderte dann, dass unnötig Energie verpuffte. Nach einiger Zeit verbreitete sich eine wohlige Wärme in dem Raum. War das Wasser dann ausreichend erhitzt, wurde der Kessel mit Blecheimern ausgeschöpft und in die großen Zinkwannen gegossen. Wabernde Wasserdampfschwaden nebelten Sicht und Sinne ein. Handwerklich begabte Väter hatten ein Holzgestell konstruiert, auf das die großen Zinkwannen gestellt wurden, die bis dahin in einer Ecke der Waschküche aufgestapelt waren. So mussten sich die Frauen nicht zu sehr bücken, wenn sie die Kleinsten darin badeten. Für die Größeren und die Erwachsenen ließ man die Wannen freilich auf dem Boden stehen, da nicht jeder mit akrobatischen Fähigkeiten ausgestattet war. Ein Abfluss im Boden verhalf dazu, einer Überschwemmung vorzubeugen und vereinfachte die Entsorgung der Badebrühe.

Zinkwanne vor dem Küchenherd

Wer weder auf Volksbad noch auf Waschküche zurückgreifen konnte, veranstaltete das Reinigungsritual in den eigenen vier Wänden, und zwar aus naheliegenden Gründen in der Küche. Dort wurde der Kochherd mit Holz und Kohle angefeuert, das Wasserschiff gefüllt, ebenso der Einmachkessel und was sonst noch an großen Behältnissen vorhanden war und auf der Herdplatte Platz fand. Das Wasser musste mancherorts vom einzigen Wasseranschluss in der Toilette eine halbe Etage hochgeschleppt werden.

Je nach Aufbewahrungsort wuchtete man schließlich mit vereinten Kräften entweder vom Speicher runter, vom Keller hoch oder vom Balkon rein die größte Zinkwanne und platzierte sie auf einem alten Teppich.

War das ausreichend temperierte Wasser (geprüft mit dem Unterarm, da empfindlicher als die Hand!) endlich eingefüllt, kamen zuerst die Kinder in den Genuss eines Vollbads, und zwar beginnend mit den Kleinsten in aufsteigender Reihenfolge. Die Jüngsten durften das Ereignis im Doppelpack genießen. Trotz strengsten Verbots und obwohl vor dem Einstieg in die Wanne noch einmal die Benutzung der Toilette – auch vorbeugend— angemahnt wurde, kam es gelegentlich vor, dass das eine oder andere im Verlauf der Aktion das Pieseln nicht mehr unterdrücken konnte. Diese Form der Druckerleichterung blieb meistens unentdeckt, wenn nicht gerade ein, aus der Situation nicht ableitbarer, verklärter Gesichtsausdruck oder eine unbedachte Äußerung die weiteren Beteiligten darauf aufmerksam machte.

Mit gewissem Interesse verfolgten die Badenden aus der Tiefe der Wanne aufsteigende Luftblasen, die an der Wasseroberfläche blubbernd aufbrachen.

Mit Kernseife und Wurzelbürste

Die Kernseife diente als Shampoo und Lotion zugleich. Mit einem großen Schwamm verteilte sie die Mutter über die kleinen Körper. Mit einem großen Schöpfer Wasser über den Kopf wurde abschließend der Schaum aus den Haaren geschwemmt. Dann mit dem Handtuch kräftig abgerubbelt und hinein in den (winters über dem Herd vorgewärmten) Schlafanzug.

Ehe sich die Eltern der Reinigungsprozedur unterwarfen, mussten je nach Größe des Raums die Kinder entweder die Küche verlassen, oder es wurde mit Tüchern ein Sichtschutz geschaffen, der die berechtigt neugierigen Blicke des Nachwuchses abhalten sollte. Mit der Schöpfkelle „entrahmte“ die Mutter als nächstes die Wasseroberfläche, entfernte also den grauweißen Schaum, vielleicht in der Hoffnung, dass er die Rückstände vorhergehender Reinigungsprozeduren in sich aufgesaugt habe. Abhängig vom Grad der Verschämtheit der Eltern tuschelten und kicherten sie dann entweder gemeinsam hinter dem provisorischen Paravent, oder eins nach dem anderen verschwand hinter der Abschirmung. Das bedeutete auch oft die Wahl zwischen sanfter Rückenmassage mit einem weichen Schwamm und zärtlichen Händen oder einer von der Pferdepflege herstammenden und auch zum Wäschewaschen eingesetzten harten Wurzelbürste am langen Stil, mit der jeder für sich den schwer zugänglichen Rücken schrubbte.

Das Restwasser wurde mitunter noch zum Putzen des Küchenbodens und der Treppe verwendet.

Ungeliebte Krabbler

Der Kampf gegen Kopfläuse und Kartoffelkäfer

Unangenehme Erinnerungen beschleichen noch manche oder manchen beim Gedanken an das regelmäßige Erscheinen der so genannten Lausfrau in der Schule. Wenig zimperlich scheitelte sie das Haar – Strähne für Strähne – mit dem Nissenkamm und durchsuchte es nach Läusen und deren Eiern. Besonders an den Schläfen, hinter den Ohren und im Nackenbereich forschte sie nach den winzigen Parasiten. Denn immer wieder – und das ist auch heute noch so – trat der Befall mit Kopfläusen bei den Kindern auf. Die Reaktionen der Betroffenen reichten dann von peinlicher Berührung bis zu regelrechter Verzweiflung.

Die Vorstellung, dass da etwas auf dem Kopf rumkrabbelt oder in den Haaren rumturnt und sich gelegentlich am Blut aus der Kopfhaut labt, trägt ja auch nicht gerade zur Steigerung des Wohlbefindens bei. Außerdem bot die Feststellung der Existenz von Kopfläusen auch Anlass für Spekulationen über die Frage, wer denn wohl diese Viecher in die Klasse eingeschleppt habe. Irgendwie wurde immer ein „Sündenbock" ausgemacht und sogleich mit der Verleumdung konfrontiert, nicht ausreichend Hygiene walten zu lassen. Die nahm sich zwar gemessen an heutigen Maßstäben in der Tat bescheidener aus, doch, dass selbst tägliches Duschen mit Haarwaschen die kleinen Krabbler nicht abschrecken könnte, hatte sich als Erkenntnis noch nicht so weit verbreitet. Man war überdies schnell bei der Hand, eine bestimmte Rasse, das Geschlecht oder die Haarlänge als besonders anfällig zu verdächtigen.

Die irrige Meinung, Läuse würden von Kopf zu Kopf springen oder gar fliegen, führte zu einem überzogenen Bedürfnis nach räumlicher Distanzierung: In der Klasse wollte keiner mehr neben dem anderen sitzen bleiben. Also war es in jeder Hinsicht das Vernünftigste, die aufgescheuchte Gesellschaft nach Hause zu schicken.

Die Eltern warteten – zumindest bei den Jungen – häufig mit der Radikalkur auf. So war dann für eine ganze Weile gebrandmarkt, wer mit einer extrem kurzen Igelfrisur wieder in der Schule auftauchte.

„Sucht den Kartoffelkäfer!“

Wenig Begeisterung erregte auch ein weiteres Krabbeltier und seine Nachkommenschaft. Wenigstens die Landwirte und Kleingärtner sagten dem Kartoffelkäfer und seinen Larven alljährlich den Kampf an. Zwar ließen diese Tierchen die nahrhafte Knolle unbeachtet, machten sich dafür aber umso mehr an den Blättern der über die Erde hinausragenden Pflanze zu schaffen. Mangels natürlicher Feinde musste schon der Mensch einschreiten, wenn er noch zu ernten beabsichtigte.

Die Kartoffelkäfer-Fibel vom Kartoffelkäferabwehrdienst des Reichsnährstandes. (Foto: Till Klugermann)

Nachdem die Käfer im Mai den Boden verlassen hatten legten sie im Juni ihre Eier an den Blattunterseiten ab, aus denen dann nach wenigen Tagen die gefräßigen Larven schlüpften. Ende der dreißiger Jahre brach eine regelrechte Invasion über die Kartoffeläcker in Deutschland herein. Es entstand der „Deutsche Überwachungs- und Abwehrdienst für den Kartoffelkäfer“. Ganze Schulklassen wurden bei der Aktion „Sucht den Kartoffelkäfer“ über die Felder geschickt.

Die Schüler gingen mit einer ambivalenten Einstellung zu den Einsätzen. Einerseits fiel dafür ja der Unterricht aus, andererseits war es aber ein mühsames Geschäft, in gebückter oder hockender Haltung den gelb-schwarz gestreiften Käfer und die von vielen als eklig empfundenen Larven mit den Fingern von den Blättern zu pflücken. Die Körper der Larven waren dick, leuchtend dunkelorange und durch zwei seitliche schwarze Punktreihen gekennzeichnet.

Als Trostpflästerchen erhielten die Kinder für ihre Arbeit einen geringen Geldbetrag, manchmal eine Zuckermarke, Bonbons oder Brause, manchmal jedoch auch gar nichts.

Um 1941 gab der Kartoffelkäferabwehrdienst des Reichsnährstandes die von Hans Zoozmann farbig illustrierte, 32-seitige „Kartoffelkäfer-Fibel" heraus. Helmut Köstlin textete dazu einleitend:

„Bot man ihm auch Widerstand, alles hat er überrannt, Belgien, Luxemburg, die Schweiz, Holland hat ihn auch bereits, bis sie dann vor wen'gen Jahren auch an Deutschlands Grenze waren. Konnt' es auch dem Feind gelingen, nun in Deutschland einzudringen, war man hier doch auf der Wacht und bereit zur Abwehrschlacht gegen diesen Missetäter. Wie, das hören wir dann später."

Schwärmereien

Stars der Stumm- und Tonfilmzeit

In den Lichtspielhäusern lachten die Kinder in der zweiten Hälfte der 20er Jahre über die großen Komiker **Pat und Patachon** (Pat und Patachon und die kleine Tänzerin, 1925), **Charlie Chaplin** (Goldrausch, 1926), **Buster Keaton**, „der Mann, der niemals lachte", mit dem flachen Strohhut (Der Musterschüler, 1927), **Laurel & Hardy alias Dick & Doof** (Der beleidigte Bläser, 1928), oder **Karl Valentin** (Der Sonderling, 1929).

Mit dem Ende dieses Jahrzehnts endete auch die Ära der Stummfilme. Der erste große deutsche Tonfilm war **„Der blaue Engel"** (1930) mit **Marlene Dietrich** und **Emil Jannings**. Durch die Konkurrenz der Lichtspielhäuser mit Einführung des Tonfilms brach 1931 im Deutschen Reich ein großes „Theatersterben" aus. Bereits 1932 stellte man sämtliche in Deutschland

Lilian Harvey, Schauspielerin und Sängerin.

produzierten Spielfilme ausschließlich als Tonfilme her.

Die Möglichkeiten des neuen Mediums wurden weidlich genutzt. In den Filmen wurde eifrig getanzt und gesungen, und zwar vor einem Millionenpublikum. Die Melodien verbreiteten sich so in Windeseile übers Reich. Die Kinder pfiffen und trällerten sie bald in den Gassen – vermutlich von älteren Geschwistern oder gar den Eltern übernommen. Das waren Schlager mit eingängigen Melodien, einfachem Text und am besten auch noch tanzbar. Wie beispielsweise **„Ein Freund, ein guter Freund (Freundschaftsmarsch)“** von **Willy Fritsch**, **Oskar Karlweis** und **Heinz Rühmann** im Film **„Die drei von der Tankstelle“** (1930) interpretiert. Oder das anrüchige **„Ich bin von Kopf bis Fuß auf Liebe eingestellt“** von **Marlene Dietrich** im oben erwähnten Film „Der blaue Engel“. Desgleichen auch **„Das gibt's nur einmal“**, ein Foxtrott von **Lilian Harvey**, oder das Heurigenlied **„Das muß ein Stück vom Himmel sein“** von **Paul Hörbiger**, beide aus dem Film **„Der Kongreß tanzt“** (1931) mit dem wohl ersten Traumpaar des deutschen Films: **Willy Fritsch** und **Lilian Harvey**. Die junge Elite der Tonfilmstars bediente somit häufig die Doppelrolle von Schauspieler/-in und Sänger/-in.

Ein spezieller Kinderfilm wurde mit der Verfilmung von Erich Kästners **„Emil und die Detektive“** realisiert, der Anfang Dezember 1931 im Berliner UFA-Theater am Kurfürstendamm Premiere hatte.

Beliebte Stars jener Zeit:

O. W. Fischer spielte bis Kriegsende vornehmlich den sympathischen jungen Mann in Filmen wie „Wien 1910", „Sommerliebe" (beide 1942) und „Glück unterwegs" (1944).

Maria Schell trat als 16-Jährige in „Stei(n)bruch" (1942) auf.

René Deltgen war abonniert auf die Rollen verwegener Abenteurer, wagemutiger Artist, wortkarger Kriminalbeamter und raubeiniger Liebhaber. Während des Zweiten Weltkriegs wirkte Deltgen in einer Reihe von Propagandafilmen mit – zum Beispiel als Hauptdarsteller in „Spähtrupp Hallgarten" (1941). Ganz im Sinne nationalsozialistischer Ideologie kam ihm in den Filmen entweder Vorbildfunktion zu – so in seiner Rolle als deutscher Soldat in „Fronttheater" (1943) – oder der Negativpart des feindlichen Agenten in „Achtung! Feind hört mit!" (1940).

Luis Trenker spielte bereits 1921 die Hauptrolle in dem Film „Berg des Schicksals" von Arnold Fanck. Nach weiteren Filmen betätigte er sich ab 1928 auch als Regisseur. In den meisten der danach folgenden Filmen vereinigte Trenker Hauptdarsteller, Regisseur und Drehbuchautor in seiner Person. Eines seiner Hauptthemen war die Idealisierung eines heimatverbundenen Lebens. Anfang 1937 fand die Uraufführung seines Films „Der Berg ruft!" statt.

Pola Negri, Typ „Vamp" und Skandalnudel und dennoch eine der Größten. Mit **Henny Porten** und **Asta Nielsen** zählte sie zum Dreigestirn der deutschen Filmstars.

Doch während diese beiden ihre große Zeit in der Stummfilmära hatten, kam Pola Negri auch im Tonfilm gut an, beispielsweise in „Madame Bovary" (1937).

Lil Dagover spielte ursprünglich das süße Mädchen, später die „Grande Dame" mit der tiefen Stimme. War als Marquise de Pompadour in „Fridericus" (1936) zu sehen. In den 40er Jahren engagierte sie sich in der Truppenbetreuung für die Wehrmacht.

Heinrich George trieb sich auffallend häufig in Propagandafilmen herum, etwa in „Hitlerjunge Quex: Ein Film vom Opfergeist der deutschen Jugend" (1933), ganz im Sinne der nationalsozialistischen Ideologie. Dann in „Ein Volksfeind" (1937) und schließlich im übelsten Machwerk, dem antisemitischen Hetzfilm „Jud Süß" (1940).

Ungefähr drei Viertel der knapp 1100 während der Nazi-Diktatur gedrehten Filme waren Lustspiele und Melodramen, der Rest Propagandafilme.

V. links n. rechts: O. W. Fischer, Luis Trenker und Lil Dagover

Plakat der Comedian Harmonists.

Melodien zum Tanzen und Träumen

Die deutsche Schlagerszene

In den späten 20er Jahren und danach erreichte die Musikbegeisterung einen Höhepunkt. Dazu beigetragen hatten sicher die stetigen technischen Weiterentwicklungen, die den Hörgenuss deutlich steigerten. Nach Einführung des elektrischen Aufnahmeverfahrens boten die Schellackplatten auf dem Grammophon eine beachtliche Klangqualität. Die Schallplattenproduktion erfuhr eine enorme Ausweitung.

Zu den „Superstars" der damaligen Zeit gehörten beispielsweise die **Comedian Harmonists**, eine sechsköpfige Männergesangsgruppe aus Berlin, die ab 1928 mit Liedern wie **„Veronika, der Lenz ist da"**, **„Mein kleiner grüner Kaktus"** oder **„Wochenend und Sonnenschein"** auch internationales Publikum eroberte. Aus „rassischen" Gründen erteilten ihnen die Nazis 1934 Auftrittsverbot in Deutschland, was im folgenden Jahr letztlich zur Auflösung der Gruppe führte.

Ein rühriger Komponist war **Fred Raymond**, der eine Reihe bekannter und beliebter Schlagermelodien auf den Markt brachte, wie **„Ich hab' das Fräulein Helen' baden 'seh'n"**, **„Ich hab' mein Herz in Heidelberg verloren"** (beide 1925) und **„In einer kleinen Konditorei"** (1929). Auch er steuerte seinen Obolus zur Durchhaltewelle bei mit **„Es geht alles vorüber – es geht alles vorbei"** (1942), das der Volksmund dann ergänzte mit „zuerst Adolf Hitler, dann seine Partei".

Mit fortschreitendem Krieg ging die Produktion neuer Schlager zwangsläufig zurück. Kontrovers verlief der Erfolg von **„Lilli Marleen"**, das **Lale Andersen** 1940 auf Schallplatte aufnahm. Zunächst wenig beachtet, entwickelte sich das Lied zum populärsten Schlager des Zweiten Weltkriegs, obwohl es nach der Schlacht um Stalingrad 1943 von den Nazis wegen der beiden letzten Strophen verboten wurde.

Zarah Leander verkörperte mit ihrer tiefen, weichen Stimme wie keine andere die große Liebende und Leidende. Dadurch konnten sich gerade Frauen mit ihr sehr identifizieren. Mit dem Film **„Die große Liebe"** (1942) und den beiden daraus entnommenen Liedern **„Ich weiß, es wird einmal ein Wunder gescheh'n"** und **„Davon geht die Welt nicht unter"** gab sie ihr Scherflein im Sinne einer Unterstützung der offiziellen Durchhalteparolen.

Gern erinnern wir uns an:

„Was machst du mit dem Knie, lieber Hans" (1925); „Trink, trink, Brüderlein trink" (1927), zu dem Wilhelm Lindemann die Musik und den Text schrieb; **Kurt Gerron** trug 1928 die Moritat vom Mackie Messer „Und der Haifisch, der hat Zähne" vor; **Richard Tauber** sang „Sah ein Knab' ein Röslein steh'n" (1928); **Harry Jackson's** Tanz-Orchester spielte den Foxtrott „Am Sonntag will mein Süßer mit mir segeln geh'n" (1929). „Du bist das süßeste Mädel der Welt" (**Willy Fritsch**, 1930); „Im ‚Weißen Rößl' am Wolfgangsee" (**Max Hansen**, 1930); „Was kann der Sigismund dafür" (**Siegfried Arno**, 1930); „Flieger, grüß mir die Sonne" (**Hans Albers**, 1932); „Warum soll eine Frau kein Verhältnis haben" (**Fritzi Massary**, 1932); „Ob blond, ob braun, ich liebe alle Frau'n" **(Jan Kiepura**, 1935); „Lieder, die uns der Zigeuner spielt" (**Marika Rökk**, 1936); „Sag' beim Abschied leise ‚Servus'" (**Hans Moser**, 1936); „Wenn die Sonne hinter den Dächern versinkt" (**Pola Negri**, 1936); „Ich steh' im Regen" (**Zarah Leander**, 1937); „Ich tanze mit dir in den Himmel hinein" (**Willy Fritsch** und **Lilian Harvey**, 1937); „In meiner Badewanne bin ich Kapitän" (**Otto Berco**, 1937); „Wunderschön ist es, verliebt zu sein" **(Johannes Heesters**, 1937); „Ich brech' die Herzen der stolzesten Frau'n" (**Heinz Rühmann**, 1938); „Kann denn Liebe Sünde sein" (**Zarah Leander**, 1938); „Schön war die Zeit" (**Hilde Seipp**, 1938); „Das kann doch einen Seemann nicht erschüttern" (**Heinz Rühmann**, **Josef Sieber**, **Hans Brausewetter**, 1939); „Du hast Glück bei den Frau'n, Bel Ami" (**Lizzi Waldmüller**, 1939).

Marika Rökk, Schauspielerin und Sängerin.

Außerdem blieben uns in Erinnerung:

„Für eine Nacht voller Seligkeit" (**Marika Rökk**, 1940); „Heimat, deine Sterne" (**Wilhelm Strienz**, **Manfred Heidmann**, 1942); „Haben Sie schon mal im Dunkeln geküsst?" (**Evelyn Künneke**, 1942); „Capri-Fischer" (**Rudi Schuricke**, 1943); „Melodie meiner Träume" (**Magda Hain**, 1944); „Beim ersten Mal, da tut's noch weh" (**Hilde Hildebrand**, 1944).

Tanzstunde und Dorfball – Darf ich bitten?

Die Eltern waren immer dabei

Ab Mitte der 30er Jahre fingen die Ältesten der in den 20er Jahren Geborenen damit an, sich auf dem Tanzparkett zu bewegen. Zu den gebräuchlichsten Partnertänzen dieser Zeit zählten Wiener Walzer, Langsamer Walzer, Tango, Schieber, Foxtrott und Slowfox. Zwar waren im Zusammenhang mit der Jazzmusik neue Tänze aus Amerika nach Europa gekommen, wie der Shimmy, Charleston und später der Swing, doch passten die nicht in die Ideologie der braunen Diktatur und wurden folgerichtig verbannt.

Oft begann die erste schüchterne Einübung von Tanzschritten im heimischen Wohnzimmer, wo die Musik von Platten über das Grammophon übertragen wurde und die Mädchen noch unter sich blieben.

Jugendliche Teilnehmer eines Tanzkränzchens, 1939. (Vorlage: Lieselotte Klingler)

Wer immer die Möglichkeit dazu hatte, ging natürlich auch zur Tanzstunde. Manchmal fand die in der Schule statt – mal nur mit Mädchen, mal beide Geschlechter zusammen. Tanzunterricht boten auch private Tanzinstitute an, oft in den Räumlichkeiten eines Hotels.

Die jüngsten Jahrgänge (1928 und 1929 geboren) kamen wegen des Kriegs meist überhaupt nicht in den Genuss, Tanzen zu lernen. Manche holten dies nach dem Krieg nach, andere lernten es nie mehr.

Die Bekleidung, die ja eine besondere, eine etwas gehobenere sein sollte, setzte sich häufig aus Einzelteilen zusammen, die aus den Beständen der weiblichen respektive männlichen Verwandtschaft zusammengeklaubt waren. Etwa die ziemlich dicken, plattierten Strümpfe aus einem Gemisch von Kunstseide und Baumwolle von der Mutter und die Schuhe, etwas zu groß oder etwas zu eng, aber immerhin mit Blockabsätzen von der Tante. Das aus zwei alten Kleidern neu geschaffene Ballkleid. Der Sakko mit den kurzen Ärmeln und die „Hochwasserhose“ mit dem viel zu weiten Bund vom etwas kurz geratenen aber dafür breit gebauten Onkel.

Üben bei Verdunkelung

Da es selbstverständlich war, dass die Jungen die Mädchen von zu Hause abholten und nach dem Ende des Tanzunterrichts wieder dorthin zurückbrachten, ergaben sich immer wieder sehr romantische Szenen. Die Straßen und Plätze waren am Abend leer, wegen der Verdunkelung störte nirgendwo ein Licht, und wenn man dann auf dem Heimweg im Mondschein die neu erlernten Schritte vorsichtig ausprobierte – ach ja, da kamen dann schon mal so leise zwischenmenschliche Gefühle auf.

Jeder ordentliche Tanzkurs endete mit einem richtigen Abschlussball. Wenn der nicht gerade auf Anfang Februar 1943 angesetzt war und zu diesem Zeitpunkt wegen der Vernichtung der 6. deutschen Armee in Stalingrad abgesagt werden musste, oder nach dem August 1944, als alle öffentlichen Lustbarkeiten eingestellt wurden.

Zum Trainieren und Verfeinern der noch wenig beherrschten neuen Künste boten sich – selbst in den ersten Kriegsjahren noch – immer wieder Gelegenheiten an. In den größeren Städten spielten zwar regelmäßig Orchester in den renommierten Tanzcafés auf, doch für die Jugendlichen kam diese Möglichkeit aus Kostengründen kaum in Betracht.

Ein wichtiger Treffpunkt waren für sie aber die Tanzveranstaltungen der verschiedenen Vereine, die zu unterschiedlichen Anlässen und Jahreszeiten stattfanden. Desgleichen die Dorf- oder Stadtfeste und die Kostümbälle in Zeiten des Karnevals, der Fasnacht oder wie das närrische Vergnügen noch genannt wurde.

Nur – so ganz ohne Aufsicht war da nichts zu machen: Die Eltern waren fast immer dabei und achteten auf die strenge Einhaltung der Sitten.

Wie der „Carratsch“ losbrettern

und Fußball wird Massenphänomen

Die 20er Jahre waren die Geburtsstunde des Massenphänomens Fußball. Immer mehr ließen sich von den alljährlichen Spielen um die deutsche Fußballmeisterschaft fesseln. Viele Jungen verstanden sich als Anhänger von **Schalke 04** aus Gelsenkirchen, der erfolgreichsten Fußball-Mannschaft der 30er Jahre. Zwischen 1933 und 1942 gewann sie sechsmal die deutsche Fußballmeisterschaft und wurde dreimal deutscher Vizemeister.

Wenn er auf der Straße den Ball an den Nachbarjungen vorbeidribbelte fühlt sich so mancher Junge wie der Mittelstürmer von Schalke 04, **Ernst Kalwitzki**, der 1939 im Endspiel um die deutsche Meisterschaft allein fünf von neun Toren erzielte. Andere sahen ihre Vorbilder eher in **Fritz Szepan** oder dessen Schwager **Ernst Kuzorra** aus demselben Verein – zwei legendäre Fußballspieler, die auch mehrmals der Nationalelf angehörten.

Den Bekanntheitsgrad von Vereinen und Spielern förderten kräftig die beliebten Sammelbilder, beispielsweise von der Ziga rettenfabrik Zuban in München, der Firma Greiling Zigaretten oder die Kicker-Serie „Die deutschen Nationalspieler aus dem Jahre 1937“.

Tour de France ohne Schaltung – Olympische Spiele

Hin und wieder meinten junge Fahrradfahrer, sie müssten **Kurt Stöpel** nacheifern. Der wurde 1932 Zweiter bei der Tour de France. Zusätzlich erschwerend war für diesen gewesen, dass er ohne Gangschaltung auskommen musste. Dies bedeutete: immer wieder absteigen und von Hand neu ketten.

Das Superjahr in sportlicher Hinsicht war natürlich 1936 mit den IV. Olympischen Winterspielen in Garmisch-Partenkirchen im Februar und den XI. Olympischen Spielen in Berlin im August. Vor allem letztere wurden mit einem Riesenpropagandaaufwand inszeniert. Und dann belegte die deutsche Mannschaft auch noch den ersten Platz in der Nationenwerbung.

Der Cigaretten-Bilderdienst Hamburg-Bahrenfeld brachte zu den Olympischen Spielen noch im gleichen Jahr zwei opulent

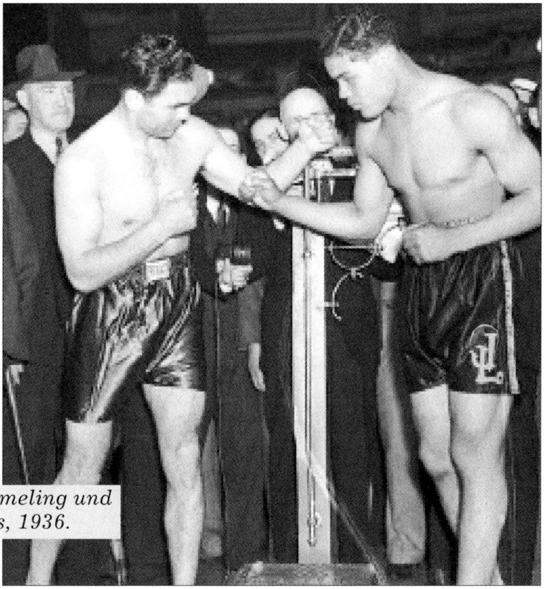

Max Schmeling und Joe Louis, 1936.

ausgestattete, großformatige Sammelbilderalben in Ganzleinen mit Goldprägung heraus. **Leni Riefenstahl** hielt die Ereignisse in den beiden beeindruckenden Filmen „Fest der Völker" und „Fest der Schönheit" fest, die ab 1938 mit überwältigendem Erfolg in den Kinos liefen.

Ganzen Schulklassen wurden die Filme vorgeführt. Bei den Kindern erzeugte das Gesehene eine nachhaltige Wirkung. Noch Wochen und Monate später veranstalteten sie quasi Privatolympiaden im kleineren Kreis. In der Regel traten die Altersgruppen zwischen sechs und 14 Jahren an, und zwar Jungen wie Mädchen.

Eine der durchgeführten Disziplinen war der Langlauf. Dafür wurde eine bestimmte Strecke abgesteckt, ehe die Meute losstürmte. Aufgrund der Altersunterschiede konnte natürlich nicht von Chancengleichheit gesprochen werden. Es galt eben die Devise: Dabei sein ist alles. So lief halt jeder so weit er konnte und bis ihm die Zunge raushing. Auch Speerwerfen fand statt – auf der Wiese, wobei die Speere aus angespitzten Haselnussstöcken bestanden. Der seinerzeitige siegreiche Wurf des **Gerhard Stöck** über 71,84 m wurde jedoch nicht ganz erreicht.

Boxer Max Schmeling ...

Wer kannte Sie nicht? Boxer-Idol Max Schmeling, Rudolf Harbig und Christl Schulz.

Hohes Ansehen genoss der Boxer **Max Schmeling**, der 1930 nach Disqualifizierung seines amerikanischen Gegners zum ersten europäischen Boxweltmeister im Schwergewicht aufstieg. 1931 verteidigte er seinen Titel erfolgreich gegen einen amerikanischen Herausforderer. 1932 verlor er ihn dann nach einer umstrittenen Punktniederlage.

Bei Schmelings berühmtestem Kampf ging es allerdings nicht um die Weltmeisterschaft: Am 19. Juni 1936 trat er in New York gegen den so genannten „Braunen Bomber“ **Joe Louis** an, der als unschlagbar galt, aber zu jenem Zeitpunkt noch nicht Weltmeister war, und besiegte ihn. Diesen Kampf schlachteten die Nazis hemmungslos ideologisch aus. Und so dachte sich der bei Keilereien auf dem Schulhof bisher immer Unterlegene, er müsse sich nur in Schmeling hineinversetzen, dann habe er vielleicht auch einmal die Chance zu gewinnen. Doch die Hoffnung löste sich spätestens angesichts einer blutenden Nase in heftigen Jammer auf.

Schmelings Niederlage, die er 1938 gegen Joe Louis schon in der ersten Runde (als es wieder um die Weltmeisterschaft ging) einstecken musste, schadete nicht der Aura, die sich um ihn gebildet hatte.

Der Mittelstreckenläufer **Rudolf Harbig** erregte Aufsehen, als er 1939 zwei Weltrekorde aufstellte: über 400 m sowie über 800 m und 1941 noch den über 1000 m dazusetzte. Desgleichen **Christl Schulz**, die 1939 mit 6,12 m den Weltrekord im Weitsprung für Frauen schaffte.

Von Rudolf Carraciola bis Bernd Rosenmeyer

Einer riesigen Fangemeinde durften sich die Autorennfahrer erfreuen. Besonders die männliche Jugend bewunderte Fahrer wie **Rudolf Carraciola** (Mercedes). Er gewann das erste Autorennen, das 1927 auf dem neu eröffneten Nürburgring stattfand und gehörte zu den erfolgreichsten Automobilrennsportlern der 30er Jahre.

Die Jungen bauten Rennbahnen auf gut formbarem, lehmigem und abschüssigem Gelände und ließen Nachbildungen der gebräuchlichen Rennwagen in Spritzgusstechnik bergab sausen. Um sie schneller zu machen, gossen sie die Hohlräume der Modellautos mit möglichst schwerem Material aus.

Eine weitere Berühmtheit war **Rudolf Hasse**, ein ausgezeichneter Langstreckenfahrer, der lange Distanzen ohne Pause

Elli Beinhorn und Bernd Rosemeyer.

zurücklegen konnte. Er fiel auf durch seine Körpergröße (1,87 m), die weiße Kappe und die große Schutzbrille, die seine eigenen Augengläser abdecken musste.

Hans Stuck trug den Ehrentitel „Bergkönig", weil Bergrennen sein Hauptgebiet waren. **Bernd Rosemeyer** (Auto-Union) gehörte zu den Draufgängern unter den deutschen Autorennfahrern. Ihm war nur eine kurze, wenn auch steile Karriere vergönnt. 1938 verunglückte er bei einem Hochgeschwindigkeitsversuch tödlich und wurde dadurch erst recht zum Nationalhelden.

Elli Beinhorn – Frau der Lüfte

Doch auch die Mädchen konnten zu gleichgeschlechtlichen Vorbildern aufblicken. Dazu gehörte auf jeden Fall die Fliegerin **Elli Beinhorn**. Sie war eine attraktive junge Frau und verheiratet mit dem Autorennfahrer Bernd Rosemeyer. Für die Nazis bildeten die beiden das perfekte arische Paar.

Schon lange vor ihrer Eheschließung vollbrachte die Inhaberin verschiedener Flugscheine fliegerische Meisterleistungen. Mit 24 Jahren bewältigte sie 1931 einen Alleinflug über 7000 Kilometer nach Afrika, wobei der Rückweg abenteuerlich verlief. Weitere spektakuläre Flüge und Spitzenleistungen begründeten ihren Ruf als Meisterpilotin.

Die ein paar Jahre jüngere **Hanna Reitsch** zählte ebenfalls zu den Fliegerinnen der Weltklasse. Sie agierte unter anderem als Forschungs- und Testpilotin – furchtloser und tollkühner als viele ihrer männlichen Kollegen –, stellte während ihres Lebens über 40 Rekorde auf, wurde 1937 mit 25 Jahren als erste Frau der Welt zum „Flugkapitän" ernannt, flog als erste Frau einen Hubschrauber und unternahm 1938 den ersten Hubschrauberflug der Welt in einer Halle – der riesigen Berliner „Deutschlandhalle".

Da es noch eine ziemlich elitäre Sportart war erreichte das Tennis in der Publikumsgunst nicht den Stellenwert, den es in jüngerer Zeit erlangt hat. Doch mit Aufmerksamkeit verfolgte ein Teil der Jugend die Erfolge des „Tennis-Barons" **Gottfried von Cramm** und seiner Partnerin **Hilde Krahwinkel** (später verheiratete Sperling). Die beiden gewannen 1933 zusammen das Mixed-Finale in Wimbledon. Gottfried von Cramm hatte überdies von 1933 bis 1935 den Titel Nationaler Deutscher Meister inne. Hilde Krahwinkel war vor Steffi Graf die erfolgreichste deutsche Tennisspielerin überhaupt und gehörte zu den besten Spielerinnen der dreißiger Jahre.

Werbung und flotte Sprüche

Zoka-Zola – oder so ähnlich

Werbung in Form von Bildern oder flotten Sprüchen übt jederzeit eine Faszination auf Kinder aus. Bei den Kindern, denen in den 20er Jahren oder zu Beginn der 30er Jahre die auffällig in bunten Farben leuchtenden Plakate in Geschäften, Schaufenstern oder auf den Litfaßsäulen sowie die Anzeigen in den Zeitungen erstmals bewusst begegneten, hinterließen sie einen bleibenden Eindruck.

Die Wirtschaft verfiel bereits früh auf mitunter abstruse Ideen, wie sie an die potentielle Kundschaft herantreten könnte. So wurde Werbung für Maggi (**„Weil Maggi's Würze so ergiebig**

Im Kolonialwarengeschäft gab es nicht nur Lebensmittel, 1926. (Vorlage: Inge Stocker)

ist!", 1941) sogar in Schulen getragen. Während die Aussprache des Wortes „Maggie" keine Probleme bereitete, zerbrachen sich die Kinder über die Aussprache von Coca-Cola den Kopf. Möglicherweise gab es an verschiedenen Orten unterschiedliche Auffassungen, aber eine Variante lautete: „Zoka-Zola". Nun war das ja tatsächlich nicht so einfach. Die Erwachsenen wussten es auch nicht mit Gewissheit zu sagen und die akustische Verkündigung von Werbeslogans über das neue Medium Rundfunk kam erst langsam in dem Maße in Fluss, wie die Verbreitung der Radioapparate voranschritt.

Aber für die Hersteller war das Wichtigste ja wohl, dass die Kinder Coca-Cola als **„Köstlich und erfrischend"** (1933) empfanden, und zwar nicht nur im Sommer, denn **„Durst kennt keine Jahreszeit"** (1935).

„Sonne aus Macedonien" – Brandt-Zwieback für Kranke

Dagegen sollten – natürlich nicht für Kinder geeignete – Zigaretten **„Im Sommer noch besser als im Winter"** sein (Overstolz 1929), vielleicht deshalb, weil **„Sonne aus Macedonien in jeder Schachtel"** war (ebenfalls Overstolz 1932).

Ob der Slogan der Firma Brandt von 1929 reiflich überlegt war, sei dahingestellt, jedenfalls offerierten sie **„Deutscher Zwieback – für Kinder und Kranke"** – und für sonst niemand?

„Haribo macht Kinder froh“

Da wusste doch ein gewisser **Ha**ns **Ri**egel aus **Bo**nn mehr Freude zu bereiten. Er begann 1925 mit der Herstellung von Lakritz-Produkten, und zwar als erstem mit einer schwarzen Lakritzstange, die den aufgepressten Schriftzug „Haribo“ trug. Zehn Jahre später verkündete er bereits selbstbewusst: „Haribo macht Kinder froh“. Na ja, vielleicht diejenigen, die so etwas mochten, was in südlicheren Teilen des Reiches nicht ganz abwegig als „Bärendreck“ bezeichnet wurde.

Sprüche, Sprüche ... aus der Werbung

Dagegen war doch Langnese zu loben. Dort wurde wenigstens **„Eiscreme für alle“** (1935) produziert. Auch Kaufmann Theodor Beltle zeigte sich sozialer eingestellt mit seinem 1925 erfundenen **„Brauselimonade-Pulver für alle Bevölkerungsschichten“**, was 1932 den Namen **„Frigeo Ahoj-Brause“** erhielt und unter dieser Bezeichnung erst so richtig bekannt wurde.

Im Grunde genommen ließ sich feststellen, dass vielen Produkten, die eigentlich unterschiedlichen Zwecken dienten, eines gemeinsam war – falls man den Werbeaussagen Glaube schenken wollte und das sollte man ja wollen: Sie enthielten wenigstens eine kleine Prise Beruhigungsmittel. Eventuell in Form von Pastillen, denn **„Ob‘s windet, regnet oder schneit, Wybert schützt vor Heiserkeit“** (1937), aber nur, wenn man nicht übertrieb, weil **„Schon wenig Wybert wirken viel“** (1942). Oder in einer bestimmten Hautcreme in der runden blauen Blechdose verrührt, denn **„Wir turnen, wir rennen, wir baden – Nivea bewahrt uns vor Schaden“** (1930). Auch für nicht so ganz vom Nationalsozialismus überzeugte Volksgenossen gab es noch Hoffnung: **„Schön braun durch Nivea“** (1939).

Nach möglicherweise vielen fehlgeschlagenen Versuchen wusste Kaloderma endlich die ultimative Richtung zu weisen: **„Ein neuer Weg zu neuer Schönheit“** (1941). Vielleicht hatte zuvor Palmolive **„Mehr als Seife – ein Schönheitsmittel“** (1927) doch zu viel versprochen?

Werbung hieß damals noch „Reklame“.

Anhand der Werbeaussagen lassen sich auch Entwicklungen in der chemischen Forschung verfolgen. Während Silvikrin 1930 noch etwas unsicher bei dem Hinweis **„Der erste Blick gilt deinem Haar“** verharrte, stellte Wella 1942 entschieden fest: **„Immer gut frisiert“**. Ob in diesem Zusammenhang der Hinweis **„Im Falle eines Falles klebt UHU wirklich alles“** (1930) nicht etwas vorlaut gewsen wäre?

Nach langem Hin- und Herüberlegen brachte ein Werbetexter endlich einen Reim zusamm: „Mit Imi im Wascher geht's Abwassen rascher“. Doch dann fand er den Sinn wohl etwas entstellt und entschied sich schließlich für eine nicht so gelungene Reimvariante: **„Mit Imi im Wasser geht's Abwaschen rascher“** (1932). Aber immerhin ein ziemlich veritabler Zungenbrecher.

Vermutlich handelte es sich um denselben Texter (wahrscheinlich nur ein Praktikant), der sich schon 1928 an einem anderen Werbespruch für ein Henkel-Produkt abgemüht hatte: **„Beim Herdputz sollst du dich nicht quälen. Du sollst zum Putzen Ata nehmen“**. In solchen Fällen wäre es vielleicht kein Fehler, etwas unkonventioneller zu denken und schöpferisch zu formulieren: „Beim Herdputz sollst du dich nicht quehmen, usw.“

An klar orientierte Kundschaft, der so schnell nichts vorzugaukeln war, richteten sich folgende Aussagen: **„Nur Camelia ist Camelia“** und **„Ich nehm' Henko. Henko kenn' ich“** (beide 1930). Falsche Bescheidenheit war nicht jedermanns Sache und selbst auf die Gefahr hin, dass es schon immer etwas teurer war, einen guten Geschmack zu haben, war die Frage **„Warum nicht das Beste nehmen?“** (Knorr 1930) ein berechtigtes Anliegen. Gelegentlich erhoben sich aber auch besonnene Stimmen und mahnten: **„Warum kaufen Sie anderswo teurer?"** (Quelle 1930)

In krisenhaften Zeiten scheinen die Menschen anfälliger zu sein für obskure Heilsversprechungen. Vielleicht machte sich die Firma 4711 im Jahr 1928 diese Erkenntnis zunutze, um **„Das Wunderwasser aus Köln"** anzubieten oder die berühmte Motorradfabrik, die ebenfalls 1928 ihr Kürzel in einer neuen Interpretation vorstellte: **„DKW, das kleine Wunder, läuft bergauf wie andere runter"**.

Jugend unterm Hakenkreuz

Hitlerjugend – Staatsjugend

Natürlich bediente sich die HJ ebenso der wesentlichen, identitätsstiftenden Merkmale von Jugendgruppen wie uniforme Kleidung, Fahnen und allerlei Rituale.

Besonders stolz trugen die Jungen ihre **„Kluft"**, deren Bedeutung dadurch erhöht wurde, dass sie nur auf Fahrten, im Dienst und zu besonderen Anlässen getragen werden durfte. Deren wesentlichste Teile bestanden aus einer khakifarbenen Schiffchenmütze mit roter oder grüner Ziernaht und HJ-Emblem an der Stirnseite, einer so genannten Köperbluse in der gleichen Farbe (das war ein Hemd mit zwei verschließbaren Brusttaschen, Schulterklappen, einem schwarzen Dreieck auf dem Oberarm des linken Ärmels mit der Angabe des Obergaus und einer rot-weiß-rot-gestreiften Armbinde mit Hakenkreuz darunter), dem schwarzen, mit einem geflochtenen Lederring vorne zusammengehaltenen Halstuch und einer kurzen, schwarzen Kordhose mit Ledergürtel, Koppelschloss und Schulterriemen. Das vielleicht wichtigste Requisit für die Jungen repräsentierte das Fahrtenmesser mit geriffeltem Schaft, auf dem das HJ-Emblem und die Aufschrift **„Blut und Ehre"** angebracht waren. Das Messer gehörte nicht zu den vorgeschriebenen Bestandteilen der HJ-Uniform, genoss aber eine hohe Wertschätzung, die möglicherweise dadurch gesteigert

Zwei Wölflinge der St.-Georgs-Pfadfinder, 1932, noch vor der Machtergreifung der Nazis. Andere Jugendorganisationen wurden schon bald verboten oder gleichgeschaltet. (Vorlage: Hellmut Raschdorff)

wurde, dass die Erlaubnis zum Tragen an die erfolgreich bestandene „Pimpfenprobe" und einer daran anschließenden Genehmigung seitens der Leitung geknüpft war.

Hart wie Kruppstahl, zäh wie Leder und flink wie Windhunde!

Auf dieses Ziel hin wurden schon die Pimpfe getrimmt. So nannte man die Jungen, die vom 10. bis zum 14. Lebensjahr ins Jungvolk eintraten, der ersten Stufe der männlichen Hitler-Jugend.

Die Dienstinhalte in dieser Gruppe waren denjenigen der Älteren angeglichen, aber eben altersgemäß entsprechend abgestuft. Die Beschäftigung des Nachwuchses kam dem Interesse der Altersgruppe entgegen: Bewegung, Ausflüge, Lager, Geländespiele. Sportliche Erfolge und besondere Geschicklichkeit im Gelände wurden mit Abzeichen belohnt. Die Jungen empfanden es als besondere Gunst, dass sie am Kleinkalibergewehr auch schon den Umgang mit der Waffe üben durften. Mit guten Trefferquoten konnten sie hierbei ebenfalls erstrebenswerte Abzeichen erringen.

Werbeplakat für das Jungvolk.

Eine überragende Bedeutung kam zweifellos der **„Pimpfenprobe"** zu. Sie konnte nach mehrmonatiger Vorbereitung abgelegt werden. Dazu waren verschiedene Leistungsnachweise zu erbringen, die in ein Leistungsbuch eingetragen wurden. Für das erfolgreiche Bestehen der Probe war es notwendig, 60 Meter in 12 Sekunden zurückzulegen, 2,75 Meter weit zu springen, einen Schlagball mindestens 25 Meter weit zu werfen, drei Klimmzüge zu schaffen und als geistige Leistung musste Hitlers Lebensgeschichte auswendig aufgesagt werden.

Erst die bestandene „Pimpfenprobe" berechtigte zum Tragen des bereits erwähnten Fahrtenmessers, das man aber für ein paar Mark selbst kaufen musste oder sich von Eltern oder anderen Verwandten schenken ließ.

Im Bann der Hitler-Jugend

Nach Vollendung des 14. Lebensjahrs erfolgte für die Jungen der Eintritt bzw. der Übergang zur eigentlichen Hitler-Jugend. Jeder konnte sich für eine von sechs Gliederungen entscheiden. Zur Auswahl standen die Fachabteilungen Waffen, Motor, Flieger, Marine, Reiter und Nachrichten. So kamen die Jungen in den

Der „Führer“ gab sich gerne als Kinderfreund.

Genuss mit scharfer Munition zu schießen, Motorrad zu fahren, ein Segelflugzeug zu steuern, in einem Boot zu segeln, zu reiten oder ein Funkgerät zu bedienen.

HJ als „Jugendpolizei“

Ein weiteres Merkmal der Sonderstellung der HJ bestand in der Einrichtung eines „Streifendienstes“. In kleineren Trupps patrouillierten Hitler-Jungen quasi als Jugendpolizei vor allem in den Städten mit dem offiziellen Auftrag, „verwahrlostes“ und „undeutsches“ Benehmen anderer Jugendlicher festzustellen und zu melden. Zu beanstandende Verhaltensweisen waren dabei nicht nur Herumlungern, Alkoholkonsum in der Öffentlichkeit, Missachtung des Rauchverbots, Grölen und Belästigung von Mädchen, sondern auch die mehr oder weniger offen zur Schau getragene Ablehnung des Nazi-Regimes durch oppositionelle Jugendgruppen wie die „Swing-Heinis“ oder die „Edelweißpiraten“. Dazu kontrollierte der Streifendienst die Eingänge der Kinos und Gaststätten und tummelte sich bei sonstigen Veranstaltungen.

Hitlerjugend

Die als Jugendbund der NSDAP 1926 gegründete Hitlerjugend wurde zwar noch im Jahr der Machtergreifung 1933 zur Staatsjugend erklärt, was die allmähliche Vereinnahmung aller anderen Jugendverbände nach sich zog, doch blieb die Mitgliedschaft in der HJ bis Ende 1936 formell freiwillig. Dementsprechend war bis Ende 1935 nicht einmal die Hälfte der Jugendlichen eingetreten, ja über drei Millionen Jungen gehörten selbst 1939 noch anderen Organisationen an.

Bündische, politische und gewerkschaftliche Jugendgruppen ereilte ein Verbot schon 1933, die evangelische Jugend war in diesem Jahr auch schon in die Knie gegangen, nur katholische Jugendgruppen hielten noch länger durch.

Mit solchen Aufrufen wurde noch 1935 um den männlichen Nachwuchs für die Hitlerjugend (HJ) gebuhlt:

„Eltern, gebt uns euren Jungen!
Wenn ihr euren Jungen zu uns schickt, dann ist das natürlich etwas ganz anderes, als wenn ihr ihn in einen ‚Verein' oder in den Schrebergartenbund gehen laßt. Wir nehmen euren Jungen ganz ernst. Wir fordern von ihm, daß er uns einen Teil seiner freien Zeit zur Verfügung stellt. Es ist z. B. unmöglich, daß er in den Dienst kommt, wenn es ihm gefällt. Dienst ist Pflicht und kein Vergnügen. Im Dienst lernt er sich einordnen, er lernt marschieren, er lernt mit uns singen und sprechen – das ist etwas ganz anderes als in der Schule. Er lernt vor allem, daß seine Privatinteressen bei uns sehr oft zurücktreten müssen. Das kann für den einzelnen manchmal sehr hart sein – mancher hat gemurrt. Ist er ein Schwächling, so tritt er aus – der andere aber reißt sich zusammen, lernt gehorchen und dienen.
Unser Dienst ist hart. Da wollen wir euch hier nichts vormachen. Wir marschieren im Regen, in der Hitze, wir stehen manchmal in der Kälte, wir müssen oft zeitiger aus den Federn als die andern.
Aber unser Dienst ist schön. Wenn wir durch den Regen durch sind, dann freuen wir uns über unsere Stärke. Und wenn wir uns früh im Morgengrauen treffen, dann lachen wir über die, die noch schlafen. Und wenn wir vom Propagandamarsch müde zurückkommen, dann leuchten unsere Augen doch und wir sind stolz darauf, daß wir für Deutschland marschieren durften. – Das Harte ist schön.
Nun gibt es bei uns aber auch Zeiten, die jeden mitreißen. Wenn wir in den Sommernächten draußen zelten, dann gibt es keinen mehr, der nur halb mitmacht. Eine Fahrt oder ein Zeltlager, das sind Erlebnishöhepunkte für jeden ordentlichen Jungen ..."

Die Mädchen-Bünde

„Zu trotzig, um feige zu sein"

Im Bund deutscher Mädchen (BDM) wurde der weibliche Teil der Hitler-Jugend zusammengefasst. Den Namen gaben sie sich 1930, die Eingliederung in die Hitler-Jugend erfolgte ein Jahr später. Analog zu den Jungen organisierte man die 10- bis 14-Jährigen zunächst in den „Jungmädeln". Davor gab's sogar noch eine Kükenschar, sozusagen die „Vorgruppe", die geschlechtsübergreifend die Sechs- bis Zehnjährigen vereinnahmte.

Werbeplakat für den Jungmädelbund.

Die Aufnahme in die Schar der Jungmädel und damit in den BDM war an die Bewältigung verschiedener Leistungen gekoppelt. Das beinhaltete zum einen etliche sportliche Anforderungen und zum anderen die Wiedergabe auswendig gelernter Lieder und Merksätze. Waren diese Hürden erfolgreich überwunden, gab es ein beeindruckendes Aufnahmefest mit allem Drum und Dran – jedes Jahr am 20. April, dem Geburtstag von Adolf Hitler.

Der ergreifendste Augenblick war für die Mädchen gekommen, wenn ihnen das Halstuch mit Knoten umgebunden wurde. Mit hellen, aber festen Stimmchen legten sie dabei ihr Gelöbnis ab:

„Jungmädel wollen wir sein.
Klare Augen wollen wir haben
Und tätige Hände.
Stark und stolz wollen wir werden:
Zu gerade, um Streber oder Duckmäuser zu sein,
Zu aufrichtig, um etwas scheinen zu wollen,
Zu gläubig, um zu zagen und zu zweifeln,
Zu ehrlich, um zu schmeicheln,
Zu trotzig, um feige zu sein.“

BDM-Mädels in Uniform.

BDM: Abenteuer und Gemeinschaft ... war die eine Seite der Medaille

Spiele, Singen und Spaß waren die Eckpfeiler der Beschäftigung von klein an. Aber das war nur eine Seite der Medaille. Es galt die Tugenden Pflichterfüllung, Opferbereitschaft, Gehorsam, Disziplin und Körperbeherrschung einzuüben. Dazu nützten beispielsweise mehrtägige Wanderungen mit Übernachtungen in Scheunen, auch wenn den Beteiligten dabei der Abenteuer-Aspekt am bedeutendsten erschien.

Stets bestand das Angebot, Sportabzeichen machen zu können. Zu den wichtigsten Sportarten gehörten dabei Wettlauf, Weitsprung und Ballwurf.

Im Gegensatz zum Leben außerhalb konnten Mädchen schon mit 13 oder 14 Jahren in Führungspositionen innerhalb der streng geregelten Hierarchie eintreten und aufsteigen, die Ansehen und Machtbefugnis beinhalteten und deshalb sehr attraktiv wirkten. Das begann mit der Ernennung zur Jungmädelschaftsführerin, ging über die Scharführerin weiter zur Gruppenführerin, zur

Ringführerin usw. Natürlich war die jeweilige Rangstufe anhand entsprechender Kennzeichen an der Uniform abzulesen.

Wie bei den Jungs spielte auch bei den Mädchen das Tragen einer uniformen Bekleidung eine erhebliche Rolle. Für viele hatte es eine vergleichbare Bedeutung, wie es für ein heutiges Mädchen wichtig sein kann, nach der aktuellen Mode angezogen zu sein. Es hieß wegkommen von dem altbackenen Selbstgestrickten und Selbstgenähten, das manchmal sogar noch von älteren Schwestern aufgetragen werden musste.

Kinderlandverschickung

Stallgeruch statt Industriemief

Im Rahmen des Erholungswerks des deutschen Volkes (NS-Volkswohlfahrt, kurz: NSV) setzten die neuen Machthaber die Kinderlandverschickung in den 30er Jahren fort. Schon 1917 hatte sich ein Verein „Landaufenthalt für Stadtkinder" gegründet.

Nicht nur im Sommer, sondern auch im Winter durften die Kleinen vier bis fünf Wochen in fremder Umgebung bei Pflegeeltern verbringen. Dabei fand ein reger Austausch zwischen Nord und Süd, West und Ost statt. So kamen etwa Kinder aus badischen Städten nach Kurhessen oder Westfalen, aber vor allem waren es die Industriestädte des Ruhrgebiets, die ihrem pflegebedürftigen Nachwuchs beispielsweise Natur pur im Schwarzwald angedeihen ließen.

In der zweiten Hälfte des Januar 1935 brachte die Eisenbahn wieder zahlreiche Kinder aus dem Norden in den Süden. Kaum angekommen, breitete starker Schneefall eine dichte weiße Decke über Häuser und Straßen, Berghänge und Felder. Besonders die immergrünen Tannen im weißen Umhang erregten die Bewunderung der Stadtkinder, als sie, mit Schlitten und Schneeschuhen ausgerüstet, die Landschaft erkundeten, sich im tiefen Schnee wälzten oder steile Abhänge hinabsausten. Noch unter dem Eindruck zuvor nie gesehener Schönheit tief verschneiter Berge

Plakat mit dem Aufruf zur Anmeldung für die Kinderlandverschickung.

und Täler schrieben sie nach ihrer Rückkehr in ungelenken Worten ihre Dankesbriefchen an die Pflegeeltern. In umgekehrter Richtung durften etliche badische Kinder im Sommer desselben Jahres die ungewohnte Umgebung und die unterschiedlichen Bräuche Westfalens kennen lernen. Am Tag des Aufbruchs wurden die Reiselustigen von Jungvolk und Angehörigen des Bundes deutscher Mädchen (BDM) auf einem zentralen Platz in Empfang genommen. Nachdem alle eingetroffen waren formierte sich ein geordneter Zug durch die Straßen der Stadt zum Bahnhof. Schließlich bestiegen die jungen Reisenden mit ihren ausgesuchten Begleitern den mittlerweile eingefahrenen Zug.

Antreten zur Abfahrt am Bahnhof. Alles dabei? Nichts vergessen?

Mit der Pferdekutsche zu den Pflegeeltern

Nach der Ankunft in Westfalen am nächsten Tag spaltete sich die Reisegesellschaft in kleinere Gruppen auf, die ihren jeweiligen Zielorten zustrebten. Dort entbot ein Mitarbeiter des NSV einen kleinen Willkommensgruß, und der Dorfgastwirt verteilte Milch und Stullen, wie die Westfalen belegte Brote nennen, an die Ankömmlinge. Mit der Pferdekutsche wurden die Kinder schließlich ihren Pflegeeltern auf den Bauernhöfen der Umgebung zugeführt.

Stadtkinder aufs Land

Die Idee, Stadtkinder für eine gewisse Zeit in ländliche Gebiete zu schikken, stammte bereits aus der Zeit vor dem Ersten Weltkrieg. Ursprünglich von der Absicht getragen, damit die Pflege gegenseitigen Verständnisses zwischen Stadt und Land zu fördern. Während des Krieges und unmittelbar danach wurde es zur Notwendigkeit, als die Lebensmittelknappheit in den Groß- und Industriestädten die gesundheitliche Entwicklung der Jugend zu gefährden drohte.

Im Jahr 1917 wurde der Verein „Landaufenthalt für Stadtkinder" gegründet. Nach und nach dehnte er seine Aktivitäten über das gesamte Reichsgebiet aus. Noch im Gründungsjahr konnten Tausende unterernährter und pflegebedürftiger Kinder in meist kostenlosen Pflegestellen bei Privatpersonen untergebracht werden.

In der Nachkriegszeit erweiterte sich der Aufgabenkreis des Vereins von der reinen Ernährungsfürsorge auf die Erholungs- und Heilfürsorge. Die Verschickung in Einzelpflegestellen erfuhr allmählich eine Ergänzung durch die planmäßige Heimverschickung aller Kinder, die einer systematischen Pflege bedurften.

Mitte der 20er Jahre brachte die Organisation im Durchschnitt jährlich über 360 000 Kinder unter. Im Sommer 1928 konnte der Verein beim Rückblick auf seine bisherige Tätigkeit feststellen, dass er nahezu vier Millionen Kindern zu einem Aufenthalt in privaten Pflegestellen im In- und Ausland oder zu einem Kuraufenthalt in Erholungsheimen verholfen hatte.

Während ihres Regimes nutzten die Nazis, die der HJ die organisatorische Verantwortung für die Kinderlandverschickung übertrugen, diese geschickt aus und setzten die Kinder, die oft über Monate, bisweilen auch Jahre in Schullandheimen, Zeltlagern, Pensionen oder Jugendherbergen dem Einfluss des Elternhauses entzogen waren, einer politischen und ideologischen Beeinflussung sowie paramilitärischem Drill aus. Fernab von Elternhaus und Schule konnten sie so über die HJ im Sinne der nationalsozialistischen Ideologie auf die Kinder einwirken.

Über 50 Kinder in einer Klasse.
(Vorlage: Inge Stocker)

Schulbildung und mehr

Einschulung mit über 50 Kindern

Mancherorts bestand eine Klasse aus über 50 Schülern, selten waren es unter 30. Es gab Schulen, in die nur Jungen, und solche, in die nur Mädchen aufgenommen wurden. Dann wieder gingen Mädchen und Jungen zusammen in eine Schule, aber dort in getrennte Klassen und letztlich gab es auch gemischte Klassen – jeweils abhängig von den örtlichen Gegebenheiten.

Eltern, ältere Geschwister und Spielkameraden hatten sich schier überboten mit ihren Erzählungen und Geschichten aus der Schule, angeblich selbst erlebt oder nach anderen Quellen wiedergegeben – manches hatte sich interessant angehört, anderes eher beunruhigend.

Die Einschulung fand schon seit vielen Jahren nach Ostern statt, also, je nachdem wie das Kirchenfest fiel, im März oder April. Frisch herausgeputzt machten sich die Kinder auf ihren ersten Schulweg. Während es für die Jungen keine besondere Bekleidungsvorschrift gab, trugen viele Mädchen eine Schürze.

Beiden gemeinsam war zwar der Schulranzen auf dem Rükken, aber den geschlechtlichen Unterschied bestimmte ein unscheinbares Detail: Bei den Mädchen-Ranzen reichte die Klappe hinten nämlich nur bis etwa zur Hälfte, bei den Buben jedoch bis ganz runter.

Noch längst nicht überall wurde die Sitte der Zuckertüte gepflegt, die der Lehrer entweder von den Eltern erhielt und an die Kinder verteilte, oder welche die Eltern den Kindern direkt in die Hand drückten. Erst in den 30er Jahren erreichte der aus Mittel- und Norddeutschland stammende Brauch die südlicheren Landesteile.

Lesen, Schreiben, Rechnen

Das erste Schuljahr begann häufig mit einem Gesamtunterricht, das heißt, die verschiedenen Fachrichtungen wurden nicht isoliert angeboten, sondern ihrem inneren Zusammenhang gemäß miteinander verbunden und als ein Fach behandelt.

Des Weiteren zielte ein so genannter Arbeitsunterricht darauf ab, den Kindern Kenntnisse, Erkenntnisse und Fertigkeiten durch eigenes Erleben zu vermitteln. Dazu gehörte die Ausbildung des Handgeschicks mittels Ausschneiden, Formen und Basteln ebenso wie die Beschäftigung mit den Lebensweisen und -bedingungen in der engeren Heimat.

Einschulung im damals modernen Matrosenanzug.

Selbstverständlich bildeten Lesen, Schreiben und Rechnen die wesentlichen Grundlagen, ohne die der übrige Unterricht nicht auskommen konnte, und die ja schließlich auch das tägliche Leben erforderte.

Schreiben mit dem Griffel ... und schließlich mit dem Federhalter

Die ersten Schreibversuche erfolgten mit dem Griffel auf einer Schiefertafel. Was nicht gefiel, war mit einem feuchten Schwämmchen schnell und spurlos wieder getilgt. Dic ungeübten Händchen ließen den Griffel aber manchmal so über die Tafel rutschen, dass jenes grässliche Geräusch entstand, das den Verdacht aufkommen ließ, es greife den Zahnschmelz an.

Einschulung mit Schürze und ohne Zuckertüte – weil das Geld dafür fehlte. (beide Fotos: Herkules Verlag)

horch, horch! wer kommt gelaufen? —
wen höre ich so schnaufen? —
nun aber still — ganz mäuschenstill! —
ob er uns wohl erhaschen will! —
doch sieh! da hat er einen,
der fängt gleich an zu weinen —
wir bitten alle dich recht schön:
ach, laß uns doch nur diesmal gehn! —
er lacht und wirft uns alles hin:
ihr sollt es wissen, wer ich bin.

Seite aus der Schreibschriftfibel „Unter uns Kindern" für die erste Klasse, um 1920, aber mindestens bis in die 30er Jahre verwendet.

Meist ab der zweiten Klasse, wenn davon ausgegangen werden konnte, dass die Fingerfertigkeit bereits ein fortgeschritteneres Stadium erreicht hatte, kamen Federhalter, Feder und Tinte zum Einsatz. Die lange und vorne spitz zulaufende Schreibfeder aus Stahl wurde auf den Federhalter aufgesteckt (einen besonders edlen Eindruck machten die marmorierten oder die aus Naturholz), ins Tintenfass eingetaucht und zu Papier gebracht. Das war anfangs schon ein elendes Gekratze, und wie schnell so eine Schreibfeder verbogen war! Die beiden Seiten der in der Mitte gespaltenen Spitze schienen einen gewissen Hang zum Auseinanderdriften zu haben. Aber das Übel begann ja schon damit, dass man immer zu tief ins Tintenfass hineingeriet und dadurch der vordere Teil des Halters ebenfalls Tinte abbekam. Dann tropfte gleich der erste Klecks aufs Papier, ehe auch nur ein Buchstabe geschrieben war und die Finger waren ständig voll Tinte und hinterließen Abdrücke auf Heften, Büchern, der Bank und – ach, einfach überall.

Die wahrscheinlich am weitesten verbreitete Feder war die so genannte Redis-Feder, entweder von der Firma Brause in Iserlohn („Die beste Feder, lieber Sohn, ist die von Brause - Iserlohn") oder von der Firma Heintze & Blanckertz in Berlin.

Die in den 20er Jahren Geborenen hatten zum größten Teil in der Volksschule die Schrift des Berliner Grafikers Ludwig Sütterlin gelernt, deren besondere Eigenschaft heute darin besteht, dass sie von jüngeren Leuten in der Regel nicht mehr gelesen, geschweige denn geschrieben werden kann.

Eine reine Mädchenklasse: fertig fürs Diktat oder doch nur für den Fotografen?

Am 3. Januar 1941 verbreitete Martin Bormann mit dem so genannten Normalschrifterlass die einfältige Erkenntnis des Führers, es handle sich um „Judenlettern". Folgerichtig belegte man die Sütterlinschrift mit einem Verbot und verbannte sie aus den Lehrplänen der Schulen. Schließlich wurde dort ab 1941 nur noch die lateinische Normalschrift gelehrt.

Tatzen (Schläge) mit dem Rohrstock

In den 20er und beginnenden 30er Jahren war man bemüht, die überkommene starre Autorität des Lehrkörpers durch ein menschlicheres Miteinander zwischen Lehrern und Schülern zu ersetzen. Doch bereits wenige Jahre später – unter den neuen Machthabern – rückten wieder verstärkt Autoritätshörigkeit und Pflichtausübung in den Vordergrund.

Einrichtung und Anordnung eines Klassenzimmers hatten ohnedies alle Zeitströmungen überdauert und die Rangunterschiede zwischen Lehrern und Schülern festgeschrieben. Unverändert thronte der Pädagoge erhaben auf dem Podest hinter seinem Katheder über den Schülern, die sich in die harten Bänke zwängten, die unverrückbar fest an die Pulte mit ihren abgeschrägten Tischplatten gekoppelt waren.

Am vorderen Rand der Tische waren breite Rillen eingefräst, damit dort abgelegte Stifte oder Federhalter nicht hinabrollen

Von hoch oben wurde Unterricht gehalten, 1935.

konnten. Daneben befanden sich die runden Löcher für die Tintenfässchen. Sie waren mit einem aufklappbaren, eisernen Deckel geschützt, der einen Höllenlärm verursachte, wenn man ihn mit Wucht von der einen Seite auf die andere knallen ließ, sodass er zurückschnellte.

Falls in diesem Moment ein Lehrer ins Klassenzimmer trat und Zeuge dieses frevelhaften Tuns wurde, zog dies wenigstens eine Ermahnung oder eben doch eine Bestrafung nach sich. Die Art der Bestrafung hing dabei von der entsprechenden Mentalität der jeweiligen Lehrkraft ab. Keine Vorschrift verlangte die körperliche Züchtigung, aber auch kein Verbot verhinderte sie. Es gab durchaus wirkliche Pädagogen, die ihre Schüler mit gewaltlosen Methoden im Griff hatten. Allerdings war die Haudrauf-Fraktion landauf, landab stark vertreten und konnte sich häufig genug der stillschweigenden Duldung, wenn nicht gar Zustimmung durch die Elternschaft gewiss sein. Bei der körperlichen Züchtigung rangierten die so genannten Tatzen auf der Beliebtheitsskala sehr weit oben. Es gab sie zu allen erdenklichen Anlässen, auch wenn sie noch so geringfügig waren. Beispielsweise wenn ein Text nicht flüssig gelesen werden konnte, die Schrift nicht schön genug war, Dreck unter den Fingernägeln steckte, man zu spät zum Unterricht kam usw. Die Tatzen wurden häufig mit einem Rohrstock verabreicht.

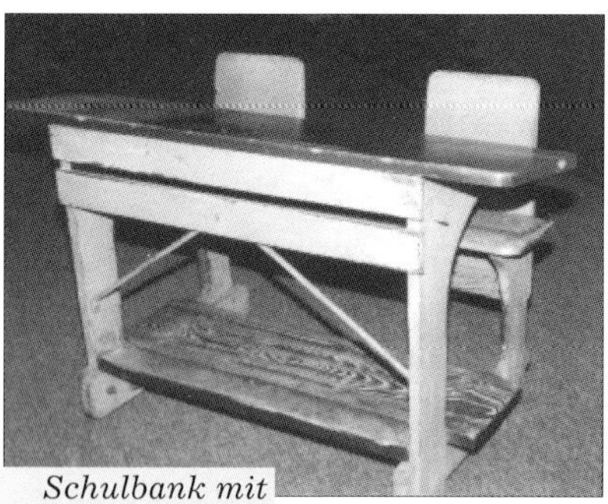

Schulbank mit Klappsitzen.

Die Fantasie der Lehrer beim Prügeln

Während die Jungen nach dem Motto „Ein Indianer fühlt keinen Schmerz" versuchten, die Gesichtszüge nicht entgleisen zu lassen und somit ohne äußere Reaktion die Bestrafung auf sich zu nehmen, ja, sogar mit einem verächtlichen Grinsen im Mundwinkel anschließend in ihre Bank zurückstrebten, bekannten sich die Mädchen offener zu ihrem Leiden und zeigten sich auch betroffener von der erlittenen Demütigung. Da legte dann mancher Lehrer noch nach und schob der Geschundenen ein paar hämische Bemerkungen hinterher.

Eine besonders üble Variante dieser Art von Prügelstrafe bestand darin, dass der Delinquent aufgefordert wurde, die Hand umzudrehen, also mit den Knöcheln nach oben. Statt des Rohrstocks kam auch mal der breitere Deckel des hölzernen Griffelkästchens zum Einsatz.

Daneben gab es überdies Stockschläge auf den Hintern (wobei Mädchen grundsätzlich nur auf den mindestens mit einem Schlüpfer bedeckten Allerwertesten gehauen wurden), Ohrfeigen, Kopfnüsse, langgezogene Ohren, gekniffene Wangen und durchs Klassenzimmer fliegende Schlüsselbunde. Der Fantasie waren hierbei keine Grenzen gesetzt.

Rassentrennung in der Schule

Die Eckpfeiler einer „Schulreform auf rassischer Grundlage" waren zum einen, dass biologisches Denken in allen Unterrichtsfächern grundsätzlich Eingang finden müsse, und zum anderen die Formulierung neuer Kriterien für die Begabtenauslese.

Man störte sich daran, dass „fremdrassige, geistig bewegliche Elemente, wie die Juden" bessere Schulabschlüsse erzielten als „volksgebundene und gediegene" arische Schüler. Der tumbe Volksgenosse sollte also seiner politischen Zuverlässigkeit halben eine Chance im Vergleich mit dem überragenden Geist erhalten.

Wenige Monate später, im September 1935, wollte man diese Konkurrenz erst gar nicht mehr aufkommen lassen, sondern Reichserziehungsminister Rust verfügte eine völlige Rassentrennung in der Schule. Kein Kind solle die Schule verlassen, ohne zur „letzten Erkenntnis über die Notwendigkeit und das Wesen der Blutsreinheit" geführt worden zu sein.

Schulen für Juden – kollektive Verschleppung

Bei Erreichung der Mindestzahl von 20 schulpflichtigen, der jüdischen Rasse zugehörigen Kindern war dementsprechend eine separate Volksschule für Juden einzurichten. Aus der näheren und weiteren Umgebung fasste man diese dann zentral – etwa in der nächstgelegenen größeren Stadt – in Räumen einer öffentlichen Schule zusammen.

Um Kontakte zwischen jüdischen und nicht-jüdischen Schülern möglichst zu vermeiden wurden Unterrichtsbeginn und -ende sowie die Pausen zwischen den einzelnen Stunden auf unterschiedliche Zeiten festgelegt.

Spätestens nach den Pogromen gegen die Juden im November 1938 verlegte man die Sonderklassen in jüdische Gemeindehäuser. Kurz nach Kriegsbeginn wurde die offizielle Schließung dieser Zwangseinrichtungen bekannt gegeben, das heißt, der nationalsozialistische Staat zog sich aus der Unterrichtung jüdischer Schüler vollkommen zurück. Soweit sie dazu überhaupt noch in der Lage waren, setzten die jüdischen Gemeinden die Weiterbildung der Kinder fort. Die endgültige Auflösung der verbliebenen Klassenverbände bewirkte die kollektive Verschleppung der Schüler in Konzentrationslager.

Weiterführende Schulen

Es waren längst nicht so viele Kinder wie heute, die nach vier Jahren in der Volksschule auf weiterführende Schulen wechselten und vor allem viel weniger Mädchen. Dennoch sprach man seit den 20er Jahren von einer Überfüllung der höheren Schulen. Dabei wurde vor allem beklagt, dass ein zunehmender Teil von Schülern nicht mehr wegen besonderer Begabung eine bessere Ausbildung anstrebe, sondern weil die Eltern den Ehrgeiz hätten, ihre Kinder via höheren Schulbesuch in lukrativere Laufbahnen zu schleusen.

Damit würden sie aber in der aktuellen wirtschaftlichen Situation einem Trugschluss verfallen. Denn keinesfalls wäre ein höherer Schulabschluss oder gar ein bestandenes Universitätsexamen Garant für einen adäquaten Berufseinstieg. Der Bedarf an qualifiziertem Personal könne mühelos mit einem Bruchteil der aktuellen Abgängerzahlen gedeckt werden. Alles, was darüber hinausgehe, belaste die Allgemeinheit durch unnötige Kosten und bringe dem Einzelnen keinen Vorteil. Im Gegenteil: jahrelange

Die erste Klasse einer Mittelschule mit Lehrern, 1940. (Vorlage: Hermine Kloesel)

zusätzliche Bildung könne beruflich überhaupt nicht umgesetzt werden.

Wo Kapazitätsengpässe zu erwarten seien, solle demnach eine schärfere Auslese durch entsprechende Aufnahmeprüfungen erfolgen. Dabei war man sich sehr wohl der Gefahr bewusst, dass ein solches Auswahlverfahren auch durchaus begabte Schüler von einer höheren Bildung ausschließen könne, deren Fähigkeiten und gute Leistungen aber erst zu einem späteren Zeitpunkt richtig zur Geltung kämen. Doch meinte man, diesen Umstand als das geringe Übel hinnehmen zu können.

Schulgeld für Bildung

Je nach finanzieller Situation der Eltern spielte bei den Überlegungen eines weiteren Schulbesuchs das Problem des Schulgelds eine mehr oder weniger große Rolle. Beispielsweise kostete in Pommern der Besuch der Mittelschule 10 Reichsmark, für die Oberschule waren 20 Reichsmark im Monat zu entrichten. Wenn mehrere Kinder aus einer Familie in eine höher qualifizierende Schule gingen, konnte eine Geschwisterermäßigung in Anspruch genommen werden. Begabte Kinder von nicht wohlhabenden Eltern erhielten eine Begabtenförderung, womit sich die monatliche Belastung durch das Schulgeld spürbar reduzierte.

Es gab Kinder, die in einfachen Verhältnissen aufwuchsen, deren Eltern sich aber regelrecht „krumm“ legten, um ihrem Nachwuchs eine bessere Zukunft zu ermöglichen. So verdingte sich eine Mutter in Berlin-Wedding, die tagsüber schon eine körperlich anstrengende Tätigkeit als Putzfrau ausübte, noch am Abend für 30 Pfennig in der Stunde, um ihrem Sohn den Besuch einer höheren Schule zu ermöglichen.

Im Abgangs-Zeugnis einer Volksschule von 1938 waren 17 Noten vergeben. Neben der Beurteilung von Betragen und Fleiß wurden die Kenntnisse und Fertigkeiten in folgenden „Lehrgegenständen“ bewertet:

Religion,
Deutsche Sprache (Gesamtnote),
Lesen und Sprachlehre,
Aufsatz,
Rechtschreiben,
Schönschreiben,
Rechnen und Geometrie,
Erdkunde (Heimatkunde),
Geschichte,
Naturgeschichte,
Naturlehre,
Gesang,
Zeichnen,
Turnen,
Handarbeiten (nur Mädchen),
Handfertigkeitsunterricht (nur Jungen).

Mädchen in der Hauswirtschaftsschule, um 1930. (Vorlage: Veeser)

Deutsche Hausfrau, nimm ein Mädel auf!

Das Hauswirtschaftliche Jahr

Im Jahr 1934 wurde das Hauswirtschaftliche Jahr eingeführt. Tüchtige, deutsche Frauen waren dazu aufgerufen, eine Schulabgängerin in den Pflichtenkreis eines ordentlichen Haushalts einzuführen, in dem sie sich später selbst als Hausfrau und Mutter bewähren sollte. In der Anleitung eines schulentlassenen Mädchens und ihrer Vorbereitung auf ihre zukünftige Rolle sah man die Erfüllung einer wichtigen vaterländischen Pflicht.

Mädchen, die studieren wollten, mussten vor Beginn des Studiums das Hauswirtschaftliche Jahr absolviert haben.

Immer wieder veröffentlichten die Zeitungen Aufrufe, in denen um Bereitstellung von Plätzen in Privathaushalten geworben wurde. Die Vermittlung erfolgte über das Arbeitsamt. Sehr unterschiedlich erlebten die Mädchen diese Zeit bei fremden Menschen. Während die einen Familienanschluss fanden und in manches Geheimnis der Kochkunst und wirtschaftlicher Haushaltsführung eingeweiht wurden, fühlten sich andere als billige Magd ausgenutzt.

Wer nicht im privaten Bereich unterkommen konnte, musste die Haushaltungsschule besuchen. Sie vermittelte ebenso alle hauswirtschaftlichen Fähigkeiten vom Kochen bis zum Nähen mit der Hand oder der Maschine.

Den Spaten hoch, die Reihen dicht geschlossen – RADler auf dem Weg zum Einsatz, um 1940. (Vorlage: Wikipedia)

Mit Spaten und Ähre

Der Reichsarbeitsdienst (RAD)

Die Erfahrungen mit dem verpflichtenden Reichsarbeitsdienst waren so vielfältig und gegensätzlich, dass es nicht möglich ist, allgemeingültige Beschreibungen des Ablaufs wiederzugeben.

Die Unterbringung erfolgte gemeinschaftlich in Arbeitslagern. Soweit nicht schon feste Gebäude zur Verfügung standen, wurden dort eigens Baracken aufgebaut. Die Betroffenen erhielten eine Einberufung wie zum Militär. Am Tag des Dienstantritts trafen die jungen Männer aus der näheren oder weiteren Umgebung im angewiesenen RAD-Lager ein. Die meisten kamen mit der Reichsbahn, für die es einen Freifahrtschein gegeben hatte. Vielleicht etwas bedrückt von der Aussicht, zum ersten Mal längere Zeit von zu Hause weg sein zu müssen, aber voller Idealismus und Tatendrang, geprägt von der allgegenwärtigen Propaganda der Nazis, waren die jungen Leute bereit, ihrem Land zu dienen.

Gnadenloser Drill

Mancher hatte sich dabei jedoch gründlich verschätzt. Zunächst bedeutete der stundenlange, ungewohnte Umgang mit Spaten,

Schaufel oder Spitzhacke eine wirkliche Herausforderung. In der ersten Zeit, ehe sich eine schützende Hornhaut an den Händen gebildet hatte, machten es die vielen Blasen fast unmöglich, den Griff des Handwerkzeugs bei den Erdarbeiten fest zu packen. Auch dem Rücken gefiel die Belastung in gebückter Haltung nicht besonders und man musste sich dazwischen immer mal wieder strecken und dehnen, um die Verspannungen aufzulösen. Hinzu kam die Anforderung, dass ein bestimmtes, recht großzügig bemessenes Tagespensum zu erfüllen war.

Doch all dies wäre ohne größere Probleme zu bewältigen gewesen – zumal sich der Körper in gewissem Maß an die neue Herausforderung gewöhnte – wenn nicht ein zweiter Teil des Dienstes eine vormilitärische Ausbildung beinhaltet hätte. Die artete in einigen Arbeitslagern zum gnadenlosen Drill aus.

„Bis euch das Wasser im Arsch kocht“

Ein besonderes Vergnügen bereitete es oft den Ausbildern, an den schwächsten Gliedern der Truppe anzusetzen, also jenen, die, aus welchen Gründen auch immer, bei den körperlichen Überanstrengungen am schnellsten schlapp machten. Da wurde dann gern noch eins drauf gesetzt, um die „Flaschen“ ordentlich ranzunehmen.

Einen schweren Stand hatten in dieser Hinsicht vor allem die Abiturienten, die einerseits körperlich vielleicht nicht so sehr trainiert und schon gar nicht auf diese Art von physischer Betätigung vorbereitet waren, aber andererseits die schlichte geistige Verfassung ihrer Antreiber weit hinter sich ließen. Daraus konnte sich natürlich erheblicher Zündstoff entwickeln.

Ein hervorragendes Objekt, um das Letzte und noch etwas mehr aus einem Menschen herauszuholen, stellte die Eskaladierwand dar. Da mussten alle drüber. Dann kam irgendwann der Punkt, an dem nichts mehr ging. Doch das bot ja dann gerade Anlass für zusätzliche Schikanen. „Bis euch das Wasser im Arsch kocht“, war die Devise, nach der die Vorgesetzten ihre perverse Gesinnung austobten.

Kameradschaft, gute Verpflegung ... aber sonst?

Wenn in dieser extremen Situation nicht eine unerschütterliche Solidarität – damals nannte sich das noch Kameradschaft – unter den jungen Männern bestanden hätte, wäre der eine oder andere an der Unmenschlichkeit der Menschenschinder zerbrochen. Ja, es gab welche, die nur mit Mühe und Not vom Freitod abgehalten werden konnten.

Neben der immer wieder als großartig erwähnten Kameradschaft gab es noch einen weiteren Aspekt der Arbeitsdienstlager, der lobend hervorgehoben wurde: die Verpflegung. Die war bis wenige Monate vor Kriegsende gut und ausreichend.

Nach Beginn des Zweiten Weltkrieges wurde der größte Teil der Männer im Anschluss an die RAD-Zeit zum Kriegsdienst in der Wehrmacht eingezogen.

Der Reichsarbeitsdienst

Junge Männer im Alter zwischen 18 und 25 Jahren hatten seit 1935 einen halbjährigen Arbeitsdienst abzuleisten. „Mit Spaten und Ähre" hieß das Motto, unter dem die Jungen verschiedenste Arbeitsaufträge erledigten. Das Spektrum umfasste das Trockenlegen von Mooren und die Kultivierung neuen Ackerlands bis zur Teilnahme am Bau der Reichsautobahn und des Westwalls. Im Krieg arbeiteten sie direkt der Wehrmacht zu, oder kamen auch an Flugabwehrgeschützen zum Einsatz. Die geringfügig entlohnte Arbeit (25 Pfennig pro Tag für den einfachen Arbeitsdienstmann) galt laut Gesetz als „Ehrendienst am deutschen Volke".

Die Arbeitsmaiden

Heu wenden und Windeln wechseln

Junge Frauen konnten sich zunächst freiwillig am Arbeitsdienst beteiligen, ehe sie im September 1939 als „Arbeitsmaiden" ebenso zwangsverpflichtet wurden. Ihre Einsatzbereiche reichten von der Übernahme karitativer Aufgaben über landwirtschaftliche Einsätze bis zur Mithilfe in fremden Haushalten.

Wenige Tage nach Schulabschluss mussten auch sie einem Stellungsbefehl nachkommen und sich in einem Arbeitslager einfinden, wo sie die nächsten sechs (später sieben) Monate im Kreis von Altersgenossinnen zubringen sollten. Zur Unterbringung standen feste Gebäude oder Baracken zur Verfügung, wo sich jeweils etwa ein Dutzend junger Frauen einen Schlafsaal mit Doppelstockbetten teilte.

Aus reichseigenen Beständen erhielten die neu eingetroffenen RAD-lerinnen zunächst eine Komplettausstattung ihrer Garderobe

Arbeitsmaiden bei der Bohnenernte im August 1934.

– von der Unterwäsche bis zur Schürze, die selbständig gepflegt und notfalls ausgebessert werden musste.

Die ersten sechs Wochen, während denen es weder Ausgang noch Heimaturlaub gab, dienten der theoretischen Unterrichtung auf unterschiedlichsten Fachgebieten, die im Zusammenhang mit dem Dienst standen.

Arbeitsdienstzeit ... auch eine schöne Zeit?

Der Tag begann am frühen Morgen mit dem Zeremoniell des Morgenappells auf dem zentralen Platz im Lager einschließlich Flaggenhissung und Verkündung des Morgenspruchs, der als Losung für das weitere Tagesgeschehen galt. So richtig lästig wurde dann aber erst der Morgenlauf. Selbstredend fand dies alles vor dem Frühstück statt.

Am Abend gab es einen weiteren Appell und die Fahne musste über Nacht ja auch wieder runter.

Bis die jungen Frauen nach all den so wichtigen Formalitäten dann endlich am Einsatzort eintrudelten, hatten die Bauern meist schon ihr erstes Vesper hinter sich.

Vielen Mädchen machte die ungewohnte körperlich anstrengende Arbeit wie Holz hacken, Rüben rupfen oder Heu wenden am Anfang erheblich zu schaffen. Doch zum einen brachte die zunehmende Übung wesentliche Erleichterung und zum anderen stand in der Regel kein furchterregender Dragoner mit der Peitsche daneben, um die leidenden Geschöpfe noch mehr zu drangsalieren. Es wurde durchaus Rücksicht auf die Städter genommen und man sah ihnen manchen Fehler nach bzw. gönnte ihnen zusätzliche Pausen, wenn sie der Erschöpfung zuneigten. Trotz der Kräfte verschleißenden Arbeit, die, nebenbei gesagt, während vieler Einsätze keine acht Stunden am Tag in Anspruch nahm, erschlossen sich den Sinnen durchaus einige angenehme Seiten des Dienstes. Dazu gehörte der Aufenthalt an frischer Luft in anregender Umgebung ebenso, wie die Beschäftigung mit den (Klein)Kindern der unterstützten Familie und die Pflege der Tiere.

Alle sechs Wochen wechselte der Einsatzort. Der konnte allerdings auch im Lager selbst sein. Das nannte sich dann Innendienst. Hier gab es lockere Aufgaben, wie den Blumendienst in freier Natur. Die Aufgabe bestand darin, Blumen zu pflücken, die zur Ausschmückung der Unterkunft verwendet wurden. Weniger beliebt, wenn nicht gar gehasst, waren Hausarbeit, Dienst in der Küche oder – noch schlimmer – in der Waschküche.

Mit der Arbeitsdienstzeit verbanden viele der damals jungen Frauen positive Erinnerungen. Immer wieder wurde die Kameradschaft untereinander lobend erwähnt, die gegenseitige Unterstützung, die fruchtbaren persönlichen Gespräche, die gemeinsamen Geburtstagsfeiern und Singabende, auch die eine oder andere Lagerführerin, die sich anständig bis großzügig verhielt, die gute Behandlung in Familien, bei und mit denen die Arbeitseinsätze liefen, usw.

Doch selbst in einer Lagerbelegschaft von ungefähr 45 Maiden konnten die Empfindungen so weit auseinander gehen, dass die einen den Arbeitsdienst als eine glückliche Zeit konstatierten, während andere jeden überstandenen Tag vom Metermaß abschnitten.

Nachrichtenhelferinnen beim Küchendienst in Ostpreußen, Juni 1944. (Vorlage: Lieselotte Klingler)

„Blitzmädchen“

Und alle hören mit: Di-da-di-did, di-da-di-did

Tausende Frauen dienten u.a. in der Reichsluftverteidigung zur Abwehr feindlicher Flugzeuge im Horchdienst, Flugwachdienst, Flugmeldedienst, Wetterdienst, Jägerleitdienst und Luftschutzdienst. Nach Schulung und kurzer Einweisung durch Soldaten nahmen sie deren Plätze ein, während jene an die Front versetzt wurden.

Die Beschäftigung beim Nachrichtendienst symbolisierte ein Blitz auf dem zur Uniform gehörenden Schlips. Er brachte den Trägerinnen die Bezeichnung „Blitzmädchen“ ein. Die Einsatzorte waren weit verstreut, auch im Ausland.

Das von Bernd Wübbecke gedichtete und komponierte Funkerlied von 1939 wurde zu einer Art Hymne derjenigen, die im Nachrichtendienst eingesetzt waren. Der Refrain bediente sich darin des Merksatzes „Ich l-i-ebe Dich!“ für das bessere Erlernen des Morsebuchstabens „L“ mit dem Klangbild: „Di-da-di- did“.

Ein bisschen große Welt, ein bisschen Abenteuer

Für die Mädchen – oft aus einfachen Verhältnissen – öffnete sich ein bisschen die große Welt mit der schmucken Uniform und dem kecken Schiffchen auf dem Kopf, den langen Reisen in unbekannte Gegenden, dem Ruch von Abenteuer, der Begegnung mit den jungen Soldaten, den gemeinsamen Unterhaltungs- und Tanzabenden.

Viele haben in Erinnerung, dass es ihnen einfach gut gegangen sei – zwar herrschte Krieg, aber trotzdem sei es irgendwie eine schöne Zeit gewesen. Besonders wertvoll war – auch hier wieder hervorgehoben – die gute Kameradschaft, aus der Freundschaften fürs Leben entstanden.

Junge Frauen im Kriegshilfsdienst

Nach einem Erlass verlängerte sich der Reichsarbeitsdienst für weibliche Jugendliche ab August 1941 um ein weiteres halbes Jahr. Diese zusätzliche Arbeitspflicht nannte sich Kriegshilfsdienst (KHD). In diesem Rahmen waren offiziell Tätigkeiten in sozialen Einrichtungen, Krankenhäusern oder bei kinderreichen Familien vorgesehen.

Doch nach dem Motto „Auf allen Lebensgebieten, wo es an Männern fehlt, hat die Frau den Mann zu vertreten“ weitete sich das Einsatzspektrum rasch aus. Handelte es sich zunächst noch um zivile Bereiche, wie Dienst in Büros oder bei Verkehrsbetrieben (beispielsweise als Straßenbahnschaffnerinnen), folgte bald der indirekte und direkte Einbezug in das Kriegsgeschehen. So arbeitete 1942/1943 die Mehrzahl der verpflichteten Maiden in der Rüstungsindustrie.

Kriegsgräuel, Flucht und Vertreibung

Exodus aus Schlesien

Die alarmfreie Zeit der Mittagsstunden nutzte die 23-jährige Margarete in der ersten Hälfte des Januar 1945, um noch einmal die prachtvollen Baudenkmäler und verwunschenen Gässchen mit ihren wunderschönen alten Fachwerkbauten in der Innenstadt von **Breslau** zu besichtigen, denn man wusste nie, ob nicht schon am nächsten Morgen alles in ein Trümmerfeld verwandelt war. Am Reiterdenkmal von Kaiser Wilhelm I. prangte eine zeitlang ein Plakat mit der Aufschrift: **„Lieber Wilhelm steig hernieder und regiere Du uns wieder, laß in diesen laus'gen Zeiten lieber Adolf Hitler reiten"**.

Dank einer Sturmböe, welche die „Christbäume" abtrieb, richtete der Bombenangriff vom 18. Januar nur geringen Schaden in der Stadt an. Tags darauf zogen ununterbrochen Kolonnen oberschlesischer Flüchtlinge durch die Straßen. Das wenige Gepäck türmte sich auf Kinder- und Sportwagen, Handwagen und Rodelschlitten. Manche zerrten einen beladenen, umgedrehten Tisch hinter sich her über die vereiste Fahrbahn. Unzählige Bauerntrecks folgten den Städtern. Familienmitglieder, die einigermaßen gut zu Fuß waren, eskortierten die Wagen, auf denen, neben dem Gepäck, nur Kranke, Alte, Kleinkinder und Säuglinge Platz fanden.

Auf der Flucht vor den rasch vordringenden russischen Truppen stießen bereits am folgenden Tag niederschlesische Trecks aus den Gebieten jenseits der Oder hinzu. Am 20. Januar war Breslau schon direkt bedroht. Frauen und Kinder wurden am Nachmittag zum Verlassen der Stadt aufgefordert, was bei Temperaturen unter 20 Grad minus und eisigem Sturm pures Entsetzen auslöste. Auf dem Marsch erfroren dann auch hunderte von Säuglingen und Kleinkindern. Da man sie wegen des hartgefrorenen Bodens nicht verscharren konnte, wurden sie einfach am Straßenrand abgelegt.

Flucht aus Breslau

Die junge Frau hatte das Glück, mit ihrer Mutter die Stadt in einem Güterzug verlassen zu können. Die in einem Wäschekorb mitgeführte notwendigste Habe musste allerdings auf dem Bahnsteig zurückbleiben. Auch der Vater musste die Stellung bei seinem Behördenarbeitsplatz halten, wurde aber wenige Tage später mit der Behörde ins noch sichere Hirschberg verlegt.

Für die Frauen begann eine grausige Fahrt nach **Glatz** – entlang der endlos scheinenden Flüchtlingskolonnen. An den Straßenrändern ragten Teile zusammengebrochener Wagen und verendeter Tiere aus dem Schnee. Von den menschlichen Opfern der bitteren Kälte, die unter Schneehügeln lagen, fegte der Sturm gelegentlich erstarrte Gliedmaßen frei oder ein schmerzverzerrtes Gesicht. Mehrere Tiefflieger-Angriffe unterbrachen die Reise und räumten, neben dem Grauen, der Angst einen festen Platz ein.

Nach übermäßig langer Fahrt erreichten sie Glatz erst nach Einbruch der Dunkelheit. Verwandte boten ihnen ein Übernachtungslager. Am nächsten Tag wurde das vorläufige Exil in Oberhannsdorf bei anderen Verwandten bezogen. Mehrere Versuche einer Rückkehr nach Breslau scheiterten und am 28. Januar hatten die Russen die Festung bereits größtenteils eingeschlossen. Erst Anfang März gab es ein Wiedersehen mit dem Vater in **Hirschberg**, wo sich die Familie in einem Barackenlager notdürftig einrichtete.

Herrliches Frühlingswetter lud am Ostersonntag, der auf den 1. April fiel, zu einer Wanderung zur „Grünbuschbaude" ein. Von der Kuppe eines nahe gelegenen Hügels aus wurde die junge Frau unter blühenden Haselsträuchern zur unerwarteten Zeugin einer Panzerschlacht im darunter liegenden Tal. Überstürzt machten sich die Ausflügler auf den Heimweg. Am gleichen Tag war ihre Heimatstadt Breslau endgültig in Schutt und Asche gesunken.

Mit ungebrochenem Optimismus und trotz des ständigen Überflugs von „Nähmaschinen", ihres typischen Geräuschs wegen so genannte russische Aufklärungsflugzeuge, die gelegentlich auch mal ihre Bordwaffen einsetzten und kleinere Bomben warfen, wurde ein kleines Stück Gartenland angelegt. Unter dem Donnern entfernter Geschütze und dem Dröhnen der Stalinorgeln säten Mutter und Tochter Mohrrüben, Petersilie, Radieschen und Salat ein und steckten Zwiebeln. Die Ernte sollte ihnen nicht mehr beschieden sein.

Mitte April konnten die Gräueltaten russischer Truppen bereits akustisch an der Hirschberger Stadtgrenze vernommen werden. Aus den umliegenden Ortschaften drangen die Hilfe- und Schmerzensschreie vergewaltigter und danach bestialisch

Eine Straße in Breslau 1945.

ermordeter Mädchen und Frauen. Ein Mädchen, das einem dieser Massaker durch Flucht entkommen war, berichtete, dass die mongolische Soldateska ihren Vater, als er Frau und Tochter schützen wollte, lebendig ans Scheunentor nagelte, ihm danach die Zunge herausriss, ehe ihm der Kopf mit einem Beil gespalten wurde. Die Mutter schleifte man, an einen Karren gebunden, zu Tode.

Solcherlei Augenzeugenberichte, von denen es viele gab, führten dazu, dass zahlreiche Bewohner von Hirschberg, darunter einige Bekannte der Familie, beim späteren Einmarsch der Russen den Freitod wählten.

Irrfahrt mit Ankunft in Rothenkirchen

Anfang Mai verbreitete sich das Gerücht, dass die Amerikaner den Krieg gegen die Deutschen eingestellt hätten und mit ihnen gemeinsam gegen die Russen kämpfen würden. Doch schon einen Tag später machte ein plötzlicher Räumungsbefehl diese Hoffnung zunichte. Die Russen hatten an mehreren Stellen die Front durchbrochen. Am 7. Mai rechnete man stündlich mit dem Einmarsch der Russen. Deutsche Soldaten waren weit und breit keine mehr zu erblicken. In einem der letzten abfahrenden Busse flüchtete die Familie über das Gebirge ins **Sudetenland**. Von einer Passhöhe zurückschauend erfasste ein letzter, tränenumflorter Blick die brennenden Dörfer und vorrückenden russischen Panzer. Obwohl der Busfahrer die ganze Nacht ohne längere Pause durchfuhr, sah sich die ungewöhnliche Reisegesellschaft am nächsten Morgen zwischen Leitmeritz und Saaz bereits von den Russen umzingelt. Dennoch erreichten die Flüchtlinge am Abend unbeschadet **Buchau**, wo der Fahrer endlich seinem Schlafbedürfnis nachkommen musste. Am frühen Morgen des 9. Mai ging es weiter, um Karlsbad herum über Podersam zur ersten amerikanischen Sperre. Die Wartezeit in der langen Fahrzeugkolonne ließ ausreichend Muße zur Betrachtung der Straßenrandkulisse: Flugzeug- und Autowracks, zertrümmerte Treckwagen, von russischen Panzern einfach überrollt, das noch Brauchbare von Tschechen ausgeplündert, dazwischen bestialisch Ermordete, auch Kinder. An den Bäumen hingen verstümmelte und halbverkohlte Leichen, wobei es sich zum größten Teil um Wehrmachtsangehörige handelte, die an den Füßen mit dem Kopf nach unten aufgehängt waren.

Vor Erreichen der zweiten Sperre lag eine Zwangsübernachtung im kleinen Ort **Aich**. Eine an einer Wasserpumpe anstehende Menschenschlange wurde unversehens von einem Trupp Tschechen angegriffen. Margarete erhielt dabei einen Faustschlag ins Gesicht, der einen mehrmaligen Bruch ihres Nasenbeins bewirkte.

Erst am 11. Mai gelang die Durchfahrt ins amerikanische Auffanglager **Lichtenstadt**. Auch hier drangsaliert von randalierenden Tschechen, die nicht einmal davor zurückschreckten, einer Mutter ihr Kind auf dem Schoß zu erschießen, mussten die über 25 000 Flüchtlinge am 17. Mai mit Entsetzen die Übernahme von Lichtenstadt durch die Russen miterleben. Danach sollten die Flüchtlinge aus dem Osten ins russische Lager Komotau und die Flüchtlinge aus dem Westen ins amerikanische Lager Chodau weitergeleitet werden. Der Busbesatzung wurde ein Tscheche mitgegeben, der die Einhaltung der „richtigen" Richtung sichern sollte. Doch der couragierte Busfahrer warf den Mann an der nächsten Straßenkreuzung kurzerhand aus dem Fahrzeug und bretterte dem Lager **Chodau** zu, wo sie allerdings nie ankamen. Eine Irrfahrt quer durchs Land, verursacht durch die wirren Zustände allerorts, schloss sich diesem Abenteuer an. In der Nacht zum 22. Mai krochen die Flüchtigen auf allen Vieren über die Reichsgrenze ins amerikanisch besetzte **Rothenkirchen**. Damit war wenigstens die unmittelbare Todesgefahr als bis dahin ständige Begleiterin überwunden.

Das Vagabundenleben mit all seinen negativen Begleiterscheinungen, wie Hunger und Krankheit, dauerte jedoch noch etliche Wochen an, ehe eine Notunterkunft wenigstens ein festes Dach über dem Kopf bescherte. Der Beginn des Aufbaus einer neuen Existenz zog sich sogar bis ins Frühjahr 1946 hin. Eine Rückkehr in die Heimatstadt Breslau blieb aber für alle Zeiten ausgeschlossen ...

Als die Waffen schwiegen ...

Eine verlorene Jugend geht zu Ende

Als die Waffen schwiegen, war für viele derjenigen, die noch aufwachen konnten, ein Alptraum zu Ende gegangen. Doch eine Wirklichkeit wollte sich nicht so schnell einstellen. Zu sehr haftete das Erlebte im Gedächtnis und zu sehr gemahnte die Gegenwart an das gerade Überstandene. Die schmerzlichen Erinnerungen an Verluste, die Zerstörungen vor Augen, allgemeine Not und die Angst vor einer ungewissen Zukunft hielten die Sinne im Griff.

Viele konnten erst Jahrzehnte später über die Geschehnisse berichten, die Gräuel beim Namen nennen, das Entsetzen, die Schmerzen, die Trauer in Worte fassen. Die Gefühle waren seinerzeit irgendwann versiegt wie die Tränen, äußerten sich vielleicht gelegentlich noch als befremdliches Phänomen in Form seelischer Phantomschmerzen, wie sie körperlich in abgetrennten Gliedern scheinbar auftreten.

In den Erzählungen kehrten die Szenen auf dem Bahnsteig wieder, wo die junge Ehefrau ihren schnell vor der Einberufung geheirateten Mann noch einmal heftig in die Arme schloss, bevor er in den Zug in Richtung Front stieg, der sich bald darauf mit jeder Hoffnung in der Ferne verlor. Sie sah ihn nie mehr wieder. Die Ehe stand auf einem Papier, aber hatte niemals stattgefunden.

Die Männer marschierten in den Krieg.

Oder das Mädchen, das ein Kind von ihrem Freund austrug, den sie beim nächsten Heimaturlaub heiraten wollte. Das Kind durfte seinen Vater später anhand einer Fotografie kennen lernen, die ihn als jungen Burschen in einer schmucken Uniform zeigte. Mehr war von ihm nicht übrig geblieben.

Im Luftschutzkeller

Wieder andere erinnerten sich an die unzähligen Fliegeralarme und die kalten, angstbesetzten Nächte im Luftschutzkeller. Und an den Tag, an dem die eigene Heimatstadt an der Reihe war, als die explodierenden Bomben die Erde erzittern, die Wände wanken und den Verputz von der Decke rieseln ließen. Oder als die umstürzenden Wände und die herabbrechenden Decken die Schutzsuchenden zerquetschten, die Hitze und der Staub den Atem nahmen, wie Kinder unter ihren toten Eltern hervorgezerrt wurden, die sich noch schützend über sie geworfen hatten.

Vor dem geistigen Auge wiederholte sich die panische Flucht durch das brennende Inferno, vom Feuersturm verfolgt, das Stolpern über zusammengeschrumpfte, verkohlte Leichen. Da waren noch einmal die irren Augen der Mutter, die verzweifelt nach ihrem verloren gegangenen Baby suchte, das ihr der Luftdruck aus dem Arm gerissen hatte.

Der damals noch sehr junge Frontsoldat konnte lange Zeit das Bild verdrängen, das die um ihn herumliegenden, zerfetzten Leiber seiner Kameraden zeigte, von denen er den Blick nicht wenden

Zerstörte Städte überall.

konnte, bis die Sanitäter den selbst verstümmelten Schwerverletzten bargen.

Noch einmal zeigte sich die Schulfreundin, von der erst bekannt wurde, dass sie Jüdin war, als sie eines Tages plötzlich verschwunden blieb. Die grölende Meute in braunen Hemden war erneut zu hören, unterbrochen vom Klirren splitternder Schaufensterscheiben jüdischer Geschäfte. Der heimliche Blick aus dem Fenster hinab auf den Schulhof, in dem die jüdischen Nachbarn mit vielen anderen Menschen auf Lastwagen verladen wurden, kam wieder in den Sinn.

Andere verspürten in der Erinnerung noch einmal die Angst und die Schmerzen in den Folterkellern der Gestapo, wo sie etwa als Edelweißpiraten oder Swing-Anhänger „behandelt" und „verhört" worden waren. Oder die stets vorhandene Furcht davor, dass der Onkel, ein glühender Anhänger der Nazis, wahr machte, was er immer dann dem Vater, der als kritischer Geist hinterfragte, androhte, wenn ihm beim „Politisieren" die Argumente ausgingen: „Dich bringe ich noch ins KZ!" Und dabei war es doch sein Bruder.

Mit dem Kriegsende war noch längst nicht alles ausgestanden. Neben dem allgegenwärtigen Elend stand zumindest in der ersten Zeit die reale Furcht vor den brutalen Übergriffen von Besatzungssoldaten speziell auf Mädchen und Frauen, über die insbesondere aus den Ostgebieten zahlreiche Schrecken erregende Berichte vorliegen.

Es war eine Zeit der Jugend und des frühen Erwachsenenalters, die vieles von dem vermissen ließ, was man heutzutage als unerlässlich für die gesunde Entwicklung eines Menschen ansieht: unter anderem die freie Entfaltung der Persönlichkeit, eine humane Umwelt und eine qualifizierte Ausbildung für Jungen und Mädchen. Es bleibt zu hoffen, dass keiner der nachfolgenden Generationen jemals dies widerfährt, was den in den 20er Jahren Geborenen angetan wurde.

Was sonst noch geschah ...

1920 **10.1.** Der Versailler Friedensvertrag tritt in Kraft. – **4.2.** Das Betriebsrätegesetz tritt in Kraft. – **15.3.** Aufruhr der Kommunisten im Ruhrgebiet. – **25.6.** Bildung einer Regierung ohne SPD nach Reichstagswahlen.

1921 **5.5.** Alliierte machen Druck wegen Reparationszahlungen. – **11.5.** Die neue Regierung Wirth akzeptiert Zahlungsultimatum unter Druck. – **25.8.** Friedensvertrag mit den USA. – **26.8.** Zentrumsabgeordneter Erzberger von Rechtsradikalen ermordet.

1922 **16.4.** Vertrag von Rapallo mit der UdSSR. – **24.6.** Außenminister Rathenau ist das nächste Mordopfer der Rechtsradikalen. – **21.7.** Das Republikschutzgesetz wird erlassen. – **1.8.** Die Reichswährung verfällt immer schneller. – **14.11.** Regierung Wirth tritt zurück.

1923 **11.1.** Frankreich besetzt das Ruhrgebiet. – **22.10.** Wüste Straßenschlachten zwischen Kommunisten und Polizei in Hamburg. – **9.11.** Hitler-Putsch in München vereitelt. – **15.11.** Neue Währungsordnung beendet die Inflation.

1924 **4.5.** Bei Reichstagswahlen Gewinne von Kommunisten und Völkischen. – **11.10.** Einführung der Reichsmark. – **4.12.** Erste Funkausstellung in Berlin. – **7.12.** Bei erneuten Reichstagswahlen Zugewinne für SPD und bürgerliche Parteien.

1925 **26.4.** Paul von Hindenburg wird Reichspräsident. – **14.7.** Die Alliierten beginnen mit der Räumung des Ruhrgebiets. – **5.12.** Streit um Vertrag von Locarno führt zu Regierungsauflösung.

1926 **24.4.** Freundschafts- und Neutralitätsvertrag mit der Sowjetunion. – **20.6.** Volksentscheid über entschädigungslose Enteignung ehemals regierender Fürstenhäuser scheitert. – **8.9.** Deutschland wird in den Völkerbund aufgenommen.

10.1. Der aufwändig inszenierte Film „Metropolis“ von Fritz Lang wird uraufgeführt. – **19.3.** Straßenkämpfe zwischen KPD und NSDAP in Berlin. – **16.7.** Gesetz zur Arbeitslosenversicherung. **1927**

20.5. Bei den Reichstagswahlen gewinnen SPD und KPD. – **28.6.** Regierungsbildung mit großer Koalition. – **31.8.** Uraufführung von Brechts „Dreigroschenoper“. **1928**

25.10. Weltwirtschaftskrise beginnt mit dem Börsenkrach in New York. – **10.12.** Thomas Mann erhält Nobelpreis für Literatur. – **22.12.** Volksbegehren gegen den Young-Plan (endgültige Regelung der Reparationsfrage) erfolglos. **1929**

30.3. Minderheitskabinett Brüning ohne SPD gebildet. – **30.6.** Die letzten Besatzungstruppen räumen das Rheinland. – **14.9.** Bei Reichstagswahlen gelingt Nationalsozialisten der politische Durchbruch. **1930**

1.10. Kürzung der Höchstdauer der Arbeitslosenunterstützung. – **11.10.** Die Rechtsradikalen formieren sich in der Harzburger Front. – **16.12.** SPD, Gewerkschaften, Arbeitersportvereine und Reichsbanner reagieren mit der Bildung einer Eisernen Front. **1931**

1.2. Über sechs Millionen Arbeitslose. – **10.4.** Hindenburg als Reichspräsident wiedergewählt. – **17.7.** SA provoziert blutige Straßenkämpfe mit Kommunisten in Altona. – **31.7.** Bei Reichstagswahlen wird NSDAP stärkste Fraktion. – **6.11.** Bei erneuten Reichstagswahlen gewinnen Deutschnationale und Kommunisten hinzu. **1932**

30.1. Hindenburg ernennt Hitler zum Reichskanzler. – **27.2.** Reichstagsbrand in Berlin wird politisch genutzt, um Kommunisten auszuschalten. – **24.3.** Ermächtigungsgesetz. – **1.4.** Boykott jüdischer Geschäfte. – **22.6.** Verbot der SPD. **1933**

30.6. Hitler lässt potentielle Rivalen aus SA und NSDAP ermorden. – **2.8.** Nach Hindenburgs Tod wird Hitler zum Staatsoberhaupt. – **24.10.** Die Deutsche Arbeitsfront (DAF) organisiert Arbeit und Freizeit. **1934**

1.3. Rückgabe des Saargebiets an Deutschland. – **16.3.** Wiedereinführung der allgemeinen Wehrpflicht. – **19.5.** Erstes Teilstück der Reichsautobahn eingeweiht. – **15.9.** Nürnberger Gesetze verbieten Ehen mit Juden. **1935**

7.3. Deutsche Truppen besetzen die entmilitarisierte Zone des Rheinlands. – **24.8.** Einführung der zweijährigen Militärdienstzeit. **18.11.** Anerkennung der Diktatur Francos in Spanien. – **1.12.** Gesetz über die Hitlerjugend. **1936**

30.1. Ermächtigungsgesetz auf weitere vier Jahre verlängert. – **26.4.** Deutsche Stukas zerstören die baskische Stadt Guernica. – **6.5.** Der Zeppelin „Hindenburg“ explodiert bei der Landung in den USA. **1937**

13.3. „Anschluss“ Österreichs ans Deutsche Reich. – **26.5.** Baubeginn des Volkswagenwerks. - **1.10.** Einmarsch deutscher Truppen ins Sudetenland. – **9.11.** Organisiertes Pogrom gegen Juden („Reichskristallnacht“). **1938**

16.3. Reichsprotektorat Böhmen-Mähren gebildet. – **23.8.** Deutsch-sowjetischer Nichtangriffspakt. – **26.8.** Ausgabe von Lebensmittelkarten. – **1.9.** Deutscher Überfall auf Polen. – **8.11.** Georg Elser scheitert bei seinem Attentatsversuch auf Hitler. **1939**

1940 **9.4.** Beginn der Besetzung von Dänemark und Norwegen. – **10.5.** Beginn der gegen Frankreich gerichteten Westoffensive. – **14.6.** Die deutsche Wehrmacht besetzt Paris. – **22.6.** Frankreich kapituliert.

1941 **6.4.** Angriff ohne Kriegserklärung auf Jugoslawien und Griechenland. – **22.6.** Überraschungsangriff auf die Sowjetunion. – **23.9.** Erste Vergasung von Menschen im KZ Auschwitz. – **11.12.** Mit der deutschen Kriegserklärung an die USA wird der europäische zum Weltkrieg.

1942 **30.1.** Hitler bestätigt die Absicht der Ausrottung des Judentums in Europa. – **28.3.** Erstes britisches Flächenbombardement einer deutschen Stadt (Lübeck). – **10.6.** Grausame Rache an dem tschechischen Ort Lidice wegen gelungenem Attentat auf Reichsprotektor Heydrich.

1943 **2.2.** Die deutsche 6. Armee kapituliert in Stalingrad. – **16.5.** SS und deutsche Polizei zerstören das Warschauer Ghetto nach vergeblichem Widerstand der Juden. – **7.9.** Die Wehrmacht ist auf dem Rückzug vor der Roten Armee.

1944 **6.6.** Amerikanische Truppen landen in der Normandie. – **12.6.** Beschuss von London mit Raketen. – **20.7.** Das Stauffenberg-Attentat auf Hitler misslingt. – **25.9.** Im Volkssturm werden alle waffenfähigen Männer zwischen 16 und 60 Jahren erfasst.

1945 **5.3.** Der Jahrgang 1929 wird noch eingezogen. – **25.4.** Letzte Bombardierung deutscher Städte. – **7.5.** Deutsche Gesamtkapitulation unterzeichnet. – **5.6.** Aufteilung des Deutschen Reiches in vier Besatzungszonen.

1946 **20.1.** Erste freie Wahlen in Hessen, Bayern und Württemberg-Baden. – **30.9.** Urteilsverkündung in den „Nürnberger Prozessen". – **29.10.** Rund 9,6 Millionen Vertriebene und Flüchtlinge sind auf der Suche nach einer neuen Heimat.

1947 **22.4.** Gründung des Deutschen Gewerkschaftsbundes (DGB). – **24.4.** Beginn des Kalten Kriegs. – **5.6.** Marshallplan soll Wirtschaftsaufbau fördern. – **21.11.** Uraufführung von „Draußen vor der Tür" des am Vortag verstorbenen Wolfgang Borchert.

1948 **21.6.** Währungsreform in den Westzonen. – **24.6.** Blockade der Westsektoren Berlins durch die Sowjetunion. – **28.6.** Mit einer „Luftbrücke" wird Westberlin versorgt. – **8.8.** Die ersten deutschen Fußballmeisterschaften werden ausgetragen.

1949 **10.5.** Bonn wird zur provisorischen Bundeshauptstadt. – **23.5.** Verkündung des Grundgesetzes. – **14.8.** Wahl zum ersten Bundestag. – **7.10.** Verfassung der DDR tritt in Kraft. – **15.12.** Marshallplan unterzeichnet.

1950 **1.5.** Letzte Lebensmittelrationierung entfällt. – **9.6.** Gründung der ARD. – **9.10.** Innenminister Gustav Heinemann tritt aus Protest gegen die geplante Wiederaufrüstung zurück.

Weitere Bücher aus dem Herkules Verlag zum Verschenken

Alltagsgeschichten Westdeutschland

Oh je, wie doch die Zeit vergeht –
Geboren in den 20ern
von Geo Kaef
80 S., gebunden, zahlr. S-w-Fotos
(ISBN 3-937924-19-1)

Oh je, wie doch die Zeit vergeht –
Geboren in den 30ern
von Jochen A. Veeser
80 S., gebunden, zahlr. S-w-Fotos
(ISBN 3-937924-20-5)

Oh je, wie doch die Zeit vergeht –
Geboren in den 40ern
von Wolfgang Rudolph
80 S., gebunden, zahlr. S-w-Fotos
(ISBN 3-937924-21-3)

Oh je, wie doch die Zeit vergeht –
Geboren in den 50ern
von Günther Klugermann
80 S., gebunden, zahlr. S-w-Fotos
(ISBN 3-937924-22-1)

Herkules Verlag
Richard-Strauß-Straße 33 · 34128 Kassel
Telefon (0561) 9 37 17 38

Zwei auf einem Stuhl
Unglaubliches aus Lübeck
von Michael Mehrgardt
208 S., Softcover
(ISBN 978-3-937924-53-3)

Spandau-Roman
Mit Vollgas ins Wirtschaftswunder
von Hartmut Kosert
208 S., Softcover
(ISBN 978-3-937924-51-9)

Weißt Du noch?
Trümmereinsätze, Tauschgeschäfte ...
und Tanz in der „Kaskade"
Alltags-Geschichten aus dem
DRESDEN der Nachkriegszeit
von Uwe Schieferdecker
88 S., gebunden, zahlreiche S/W-Fotos
(ISBN 3-937924-49-3)

Fliederduft in der Fettbemme
Vom Glauchschen Adel und
Buna-Belzern
Geschichten und Episoden aus
Halle in DDR-Zeiten
von Sylvia Pommert
88 S., gebunden, zahlreiche S/W-Fotos
(ISBN 3-937924-47-7)

Weißt du noch?

Von Messeonkels, Muckefuck ...
und „goldenen" Broilern
Geschichten und Episoden aus LEIPZIG
zu DDR-Zeiten
von Birgit Horn-Kolditz
88 S., gebunden, zahlreiche S/W-Fotos
(ISBN 3-937924-45-0)

Weißt du noch?

Organisieren, hamstern,
„Stoppeln gehen"
Von ersten Filmen im Hansa-Theater ...
und ersten Tänzen im „Mau Mau"
Geschichten und Anekdoten aus ROSTOCK
von Werner Breuer
88 S., gebunden, zahlreiche S/W-Fotos
(ISBN 978-3-937924-62-5)